AF345676

LA MASONERÍA EN ESPAÑA

HISTORIA INCONCLUSA DE UN SUEÑO DE LIBERTAD (1728-2022)

MANUEL SEGÚN ALONSO

www.masoneria-espana.guiaburros.es

EDITATUM

Te invitamos a registrar la compra de tu libro o *e-book* dándote de alta en el **Club GuíaBurros,** obtendrás directamente un cupón de **2 € de descuento** para tu próxima compra.

Además, si después de leer este libro lo has considerado útil e interesante, te agradeceríamos que hicieras sobre él una **reseña honesta en cualquier plataforma de opinión** y nos enviaras un *e-mail* a **opiniones@guiaburros.es** para poder, desde la editorial, enviarte **como regalo otro libro de nuestra colección.**

Sobre el autor

 **Manuel Según Alonso** es funcionario del cuerpo de Gestión de Sistemas e Información de la Administración General del Estado. Doctor en Historia e Historia del Arte y Territorio por la UNED. Master de Historia de España en el Contexto Internacional por la UNED. Licenciado en Filosofía y Letras, especialidad Historia Contemporánea por la Universidad Autónoma de Madrid. Miembro de Centro de Estudios históricos de la Masonería Española (Universidad de Zaragoza) y del Ateneo de Madrid.

Ha escrito varios libros y artículos de investigación histórica y ha participado en diferentes actos y congresos relacionados con la memoria democrática, la igualdad de derechos, historia de la masonería, etc. Mantiene un compromiso constante en la lucha por la libertad, la igualdad y la fraternidad.

Agradecimientos

A mis abuelos Franco y Elena, por su amor y enseñanzas.

Índice

Introducción

La masonería es un camino para el perfeccionamiento individual del ser humano. Se sirve de un método gradual y escalonado que posee símbolos, rituales y leyendas, enlazando los diferentes niveles de una forma progresiva con el fin de que el masón construya el yo-Interior y un templo universal, simbolizado en el templo de Salomón. Los miembros de la masonería aprenden este método, y no se impone, sino que se enseña y se vive. Se podría afirmar que hay tantos métodos masónicos como miembros de la masonería. El principal lema de este es: "Conócete a ti mismo".

Otra forma de definir la masonería es hacerlo a través de lo que no es. Y así, se puede afirmar que no es una religión (y por tanto no es una secta), no es un partido político, no es un sindicato, no es una escuela filosófica, ni una organización secreta —aunque sí discreta—. Ciertamente tiene algo de todo ello.

No es una religión, aunque nace obligando a sus miembros a creer en un Ser Supremo, al que denominan "Gran Arquitecto del Universo", precepto que va desapareciendo en muchas obediencias según avanza el siglo XIX y el cumplimiento de la ley moral que une a todas las personas.

No es una organización política, aunque tiene una ideología que se inspira en la libertad, en la igualdad y en la fraternidad de todos los seres humanos.

No es un sindicato, aunque defiende que todas las personas tengan una vida digna, trabajando activamente en temas relacionados con la beneficencia y la solidaridad. Y no es una academia filosófica, aunque se sigue un sistema de instrucción a través de lo que denominan "método masónico y el símbolo".

Por último, y no menos importante, se debe recordar que en la logia está prohibido hablar de política y religión, aunque fuera de ella los miembros de la Orden pueden pertenecer a diferentes religiones, diferentes grupos políticos, diferentes sindicatos o diferentes escuelas filosóficas, muchas veces antagónicas entre sí, por lo que es complicado afirmar que la masonería pueda influir y tener voz unánime en estos aspectos fuera de un posicionamiento general (libertad de conciencia, libertad religiosa, liberalismo democrático…). Pero también es cierto que su carácter de organización discreta, la conexión entre las diferentes logias, el reconocimiento mutuo, la ayuda que se prestan y la jerarquización de grado ha ayudado a crear, de forma indirecta, microcosmos de libertad que han servido en periodos concretos como vehículos para mantener los principios progresistas.

La sociabilidad masónica es visible por las redes que crea y por las relaciones que se establecen entre las diferentes logias, entre cada una y la obediencia, y estas con el mundo exterior, lo que desde la masonería se llama "mundo profano". De hecho, la logia es un espacio de sociabilidad, caracterizada por el secreto masónico, el símbolo, el ritual y la fraternidad, fomentando espacios reservados para sus miembros que han conferido a las logias ese carácter polémico y misterioso que ha sido tan utilizado por sus detractores.

Es importante tener en cuenta que no se puede hablar de masonería (en singular) sino de masonerías, puesto que hay muchas masonerías independientes unas de otras. A esto hay que añadir que existe multitud de ritos, cada uno con su propia idiosincrasia.

Una primera división se puede establecer entre masonería inglesa y masonería francesa (anglosajona o latina, dogmática o adogmática, regular o irregular, conservadora o liberal), muchas veces enfrentadas y desde el siglo XIX totalmente separadas, al punto de que no se reconocen entre sí. Esta situación se agrava en tiempos de Napoleón III y lleva a una definitiva ruptura cuando la masonería francesa organiza una intensa propaganda anticlerical, que dio paso a la supresión en 1877 de la clásica invocación masónica: "A la gloria del Gran Arquitecto del Universo", y con ello la exigencia en "la creencia en Dios, en la inmortalidad del alma y el tomar el juramento sobre la Biblia, considerada como expresión de la palabra y la voluntad de Dios". Pero esto no puede llevar a engaño: aunque con matices, "el espíritu masónico es único". Los miembros de la Orden viven y utilizan un mismo método masónico y comparten un ritual que les hace experimentar la pertenencia a una misma sociedad. Todos buscan la verdad, exigen la tolerancia, la libertad, la fraternidad y practican la solidaridad dentro de un marco de igualdad. Cada miembro se considera una piedra bruta que tallar.

Los rituales para los miembros de la Orden no son otra cosa que acciones simbólicas que establecen sin comunicación y que, asentándose en significados que aparentemente no transmiten nada, logran convertirse en señas de identidad. Son parte de ellos, les sirven para despedir etapas e iniciar otras. Les permiten regocijarse encontrándose con el espíritu pagano que habita bajo múltiples capas de adaptaciones sociales.

Otro punto diferenciador es el tema de la mujer, que, como en el caso de la creencia en Dios, es rechazada por la masonería dogmática o inglesa y admitida, o al menos, tolerada por la masonería latina o adogmática.

En España fue fundamental la campaña llevada a cabo por los miembros de la masonería en favor de una escuela gratuita, obligatoria, racionalista y laica, que supone un enfrentamiento con la Iglesia, pues la educación está fundamentalmente en manos de esta. Este posicionamiento era afín a las propuestas del republicanismo, y a los partidos y movimientos culturales y sociales que se oponen a la España tradicional que representa la unión Corona-Iglesia.

Aunque también es importante recordar que en la práctica la Orden en España nunca ha contado con una estructura económica suficiente que le permita poner en práctica sus ideas, quedando la mayoría de ellas en conceptos teóricos o proyectos que nunca se pueden poner en práctica, o su duración es muy limitada en el tiempo.

El anticlericalismo siempre ha estado unido a la masonería española. Este concepto no se entiende como un ataque a la Iglesia y a la libertad religiosa, sino que se presenta como la obligación de respetar las creencias y que estas debían ocupar el espacio privado. En definitiva, defienden que las organizaciones religiosas no deben tener ningún privilegio. Lo que es cierto es que en muchos casos se dejan llevar por un desprecio al jesuitismo y al Vaticano a los que consideran poderes extranjeros que se oponen a la independencia de los pueblos.

La confrontación entre la Iglesia católica y la masonería tuvo su punto álgido con los pontificados de Pío IX (1846-1878) y León XIII (1878-1903), curiosamente los años que están marcados por el fin de los Estados Pontificios. Estos papas estaban convencidos de que la Iglesia católica no podría tener un poder espiritual sin mantener el poder temporal. Veían en las sociedades secretas, y especialmente en la masonería, los elementos que luchaban para lograr la unificación italiana.

Pío IX en la constitución *Apostolicae sedis,* del 12 de octubre de 1869, un año antes de la ocupación de Roma por las tropas garibaldinas, reúne toda la legislación anterior contra la Orden y la pena de excomunión. León XIII, tras su ascenso al pontificado en 1878 y durante los veinticinco años que se mantuvo en el puesto, posibilitó la publicación de más de unos doscientos cincuenta documentos condenatorios de la masonería, llegando a dos mil las referencias papales contra la Orden. Entre ellos destaca la encíclica *Humanum genus.*

Con relación a la mujer, cabe decir que la primera noticia que se tiene de una logia femenina en España se produce en el libro de actas del 12 de marzo de 1811 de la logia Beneficencia de Josefina de Madrid, en la que se consigna que existe una logia de adopción que pide la afiliación a esta logia. La decisión se deja para una tenida posterior, pero no vuelve a constar que se tratara este asunto.

Entre 1874 y 1931 aparecen multitud de logias de adopción. También es habitual encontrarlas en los cuadros de logias masculinas, especialmente en el Grande Oriente Español, hasta 1896. En el siglo XX, solo se encuentran fuera de las logias o cámaras de adopción en las pocas logias que se fundan del derecho humano.

El inicio de la masonería. La Orden en el siglo XVIII

Según el libro de actas de la Gran Logia de Inglaterra, España es la primera nación del continente que solicita fundar una logia. Lo hace en Madrid, en la fonda francesa Tres Flores de Lys de la calle de San Bernardo en 1728. Lleva el nombre de French Arms, aunque también se la conocerá como las Tres Flores de Lys, logia de Madrid o la Matritense. A lo largo de su vida tiene varios números, 50, 44 y 27. Es fundada y está compuesta por ingleses que residen en varias ciudades españolas. Se reúnen el primer domingo de cada mes. El duque de Wharton aparece en esta logia como delegado de la Gran Logia de Inglaterra. Se encuentra en la lista de logias hasta 1768, que es borrada.

Además de esta logia, hay certeza de logias en Gibraltar y Menorca, además de la formación de una logia de súbditos de los Países Bajos en 1772 en Madrid.

Pronto, surgen documentos pontificios sobre la Orden. El primero será la constitución apostólica *In eminenti,* del papa Clemente XII, fechada el 28 de abril de 1738, que entre otras cosas condena a los masones con la excomunión. Esta condena tuvo su repercusión en España de forma indirecta a través de un despacho proveniente de Portugal, que es estudiado por el Santo Oficio, estableciendo, por edicto, la condena de la masonería tanto por el inquisidor mayor de España como por el inquisidor general de Portugal, y se exhorta a que fuese expulsada de cualquier lugar donde se introdujese y se impida su difusión donde aún no se hubiera introducido.

El papa Benedicto XIV el 18 de mayo de 1750 vuelve a condenar la masonería, esta vez mediante la constitución apostólica *Providas* que viene a ratificar "las sabias leyes y sanciones de los Romanos Pontífices, sus antecesores".

La *Providas* tiene repercusión en España y lleva a la promulgación de otro edicto contra la Orden, que aboca a la promulgación de un edicto contra la Orden fechado el 2 de julio de 1751 y firmado por el rey Fernando VI. Este documento es el primer decreto real español contra la masonería (algunos autores nombran una supuesta pragmática de 1740, aunque no hay ninguna fuente primaria que la avale). En este edicto, el único delito que se alega contra la masonería es que "resulta sospechosa a la religión y al Estado por no constar al Soberano de sus fines e institutos".

En el Archivo de Palacio apenas se encuentran procesos relativos a los masones del siglo XVIII. El primero se lleva a cabo contra el francés Tournon por la Inquisición de Madrid en 1757.

Muchas veces se ha repetido que la masonería en España se desarrolla de forma extraordinaria con la llegada de Carlos III en 1759. Este rey aparece en la literatura masónica como el prototipo de soberano defensor de la masonería y rodeado de ministros masones. La realidad es que, cuando era rey de Nápoles en 1751, había prohibido la francmasonería y que posteriormente en 1775 hizo que su hijo la volviera a prohibir. Si algo se puede decir de este soberano es que pública y privadamente era un antimasón declarado. Tampoco es cierto que se rodeara de ministros masones, incluido el conde de Aranda, que no fue el primer gran maestro del Gran Oriente de España, ni siquiera masón, como demuestra Ferrer Benimeli.

El 24 de junio de 1780, supuestamente presidido por el conde de Aranda, nace el Gran Oriente Nacional de España, respaldado por la Gran Logia de Inglaterra. Tenía su templo en la calle del Turco, según unas fuentes; según otras, en el palacio de los duques de Híjar, en la Carrera de San Jerónimo de Madrid. Como se ha dicho, no hay ninguna prueba de que el conde de Aranda fuera masón; además, este estuvo ausente de España entre 1773 y 1783, por lo que es imposible que pudiera estar en Madrid fundando una obediencia.

En definitiva, se puede afirmar que la masonería en España no existe, al menos de forma organizada, durante el siglo XVIII, estando circunscrita a algunos masones extranjeros que son vigilados por la Inquisición.

Paradójicamente, mientras las primeras logias en territorio español están compuestas únicamente por extranjeros, la primera logia de españoles lo fue en el extranjero, más concretamente en Brest (Francia), a los pocos meses de iniciarse el siglo XIX. Esto se debe a los pactos entre España y Francia. Para colaborar con esta última en su guerra contra Inglaterra, una escuadra española compuesta por quince navíos, cuatro fragatas y cuatro corbetas, y unos efectivos de más de doce mil hombres, procedentes de Cádiz, estuvo fondeada en Brest desde el 8 de septiembre de 1799 al 29 de abril de 1802. Estando allí, un grupo de oficiales españoles comenzaron a frecuentar dos logias de esta ciudad: la logia *Heureuse Rencontre* y la logia Los Elus du Sully. Esto posibilita que en agosto de 1801 funden una logia propia denominada La Reunión Española. Este taller está activo hasta el 23 de abril de 1802 y cuenta con veintiséis miembros. Se producen al menos cincuenta y tres reuniones. Está auspiciada por el Gran Oriente de Francia y el motivo de su fundación es poder celebrar las reuniones masónicas en lengua castellana.

Se celebran seis reuniones al mes en el templo de la logia Elus de Sully. Todos utilizan para su trabajo en logia el tercer apellido. Se tratan cuestiones relativas al bien de la humanidad, la fraternidad y la propagación de los principios filantrópicos. Finalmente, la escuadra vuelve a España. Antes de partir, se entrega la documentación del taller para que lo custodie a la logia Elus de Sully y se toma la decisión de que, tres días después de llegar a Cádiz, se celebre junta en el café San Francisco para continuar las tenidas en España.

La realidad es que la logia no pudo comenzar sus trabajos en tierras gaditanas, o al menos no hay constancia de que se realizara ninguna reunión, pues la Inquisición toma cartas en el asunto, incoando varios expedientes contra oficiales españoles por pertenencia a la masonería. De cualquier forma, García-Municio de Lucas afirma que en la ciudad de Cádiz sí que existió una logia continuadora de la que se fundó en Brest, a la que la Inquisición le abrió un expediente el 17 de abril de 1804.

En septiembre de 1807, en Cádiz, hay una logia titulada La Double Alliance, formada principalmente por oficiales franceses y que dependía del Gran Oriente de Francia. De los veinte miembros del taller, cuatro son españoles; y de los nueve honorarios, cinco son de nacionalidad española.

La masonería en el siglo XIX. En busca del establecimiento de la masonería

Desde la invasión francesa hasta la Revolución de 1868

La primera vez que la masonería pudo organizarse en territorio español es a raíz de las invasiones napoleónicas y el periodo de ocupación francés (1808-1813).

Esta masonería se conoce como bonapartista, pues es refundada por Napoleón como arma de captación de adeptos a su causa y muy influenciada por las conquistas logradas por la Revolución francesa y el apoyo al Imperio, que se refleja en el nombre de muchas de sus logias: Napoleón el Grande, Estrella de Napoleón, San José, Santa Julia (en honor de la mujer de José I).

Esta masonería se presenta como defensora de la razón, la ilustración, el progreso y la tolerancia, frente a la ignorancia, la intolerancia, el fanatismo y la superstición que caracteriza al Antiguo Régimen. Nace con el fin de apoyar las reformas constitucionales y el nuevo gobierno que se había establecido desde Francia. Por tanto, se convierte en un poderoso recurso ideológico y político, alejado de los principios que caracterizan a la Orden.

Primero fueron logias militares francesas, que no tuvieron incidencias entre la población española; pero, más tarde, nacerá una obediencia independiente del Gran Oriente de Francia de carácter nacional, aunque igualmente bonapartista. Así, en España se tendrá dos tipos de masonerías:

- Una, compuesta mayoritariamente de afrancesados, que fundan varias logias en Madrid, como las madrileñas Beneficencia de Josefina, Santa Julia, San Juan de Escocia de la Estrella de Napoleón, Los Filadelfos y la Edad de Oro, dependiente de la Gran Logia Nacional de España.

- Otra, principalmente establecida en las provincias, compuesta por militares franceses y dependiente del Gran Oriente de Francia.

Esta división produjo algunos conflictos de reconocimiento, y esto porque, según las costumbres, una obediencia extranjera no puede establecer logias en una nación que tenga una obediencia regular. Por tanto, la Gran Logia Nacional de España no veía con buenos ojos que hubiera logias del Gran Oriente de Francia, algo que puede parecer curioso si se tiene en cuenta que ambas obediencias compartían gran maestro en la persona de José Bonaparte.

Esta primera Gran Logia Nacional de España nace el 27 de noviembre de 1809 en Madrid, según varias fuentes en los locales que con anterioridad había ocupado la Inquisición en la calle Isabel la Católica. Desapareció en agosto de 1812, cuando el Gobierno francés abandona Madrid.

La logia San José de Madrid puede considerarse la primera de españoles en suelo español y de la que partió la fundación del resto, como las también madrileñas Beneficencia de Josefina o la Santa Julia; y lo más importante, la Gran Logia Nacional de España.

El 3 de noviembre de 1809 se establece, también en Madrid, "un Gran Tribunal o Capítulo del grado treinta y uno del Rito antiguo". En 1810, el marqués de Clermont-Tonerre, miembro del Supremo Consejo de Francia, erigió un Gran Consistorio del grado treinta y dos.

No existe ningún dato documental de la fundación del Supremo Consejo de Grado 33 para España y sus Dependencias, aunque varias fuentes indican que se funda en Madrid el 4 de julio de 1811. La patente fue expedida por el Supremo Consejo de Charleston. Enrique Augusto de Grasse-Tilly sería su primer soberano gran comendador hasta 1812, cuando tiene que abandonar España camino de Inglaterra porque es hecho prisionero por los ingleses. Realmente, su fundación tiene que ser anterior, pues el 11 de junio de 1811 se hace constar en las actas de la logia Beneficencia de Josefina el recibimiento que se hizo "con todos los honores, debido a la elevación de su grado al Muy Ilustre Hermano Enrique Augusto de Grasse-Tilly, Soberano Gran Comendador".

Las Cortes de Cádiz siempre se ha dicho que estuvieron muy influenciadas por la masonería, cosa que es completamente falsa; incluso se debería decir, que tuvieron una orientación antimasónica, como demuestra la Real Célula de 19 de enero de 1812 firmada en Cádiz, que confirma el Real Decreto del 2 de julio de 1751, que prohibía la masonería.

Tras el regreso de Fernando VII, las noticias que se tienen sobre la masonería son escasas, a excepción de algunas pocas notas proporcionadas por la policía y la Inquisición. El rey utiliza a ambas para acabar con la Orden, y les acusará de todos los males que ha vivido y viven España y sus colonias. Por Real Decreto de 24 de mayo de 1814 prohíbe las asociaciones clandestinas. Por su parte, el 2 de enero de 1815, el inquisidor general, Francisco Xavier Mier y Campillo, publica un edicto que prohíbe y condena la francmasonería. Una vez más, se establece la alianza entre la Iglesia y la Corona que ha caracterizado el comportamiento de estas instituciones a lo largo de la historia de España.

El 4 de febrero de 1817, en A Coruña se funda la logia Los Amigos del Orden; y ese año se funda también, en Santa Cruz de Tenerife, la logia Los Comendadores del Teyde.

No se vuelve a tener noticias de una logia organizada hasta el bienio liberal (1820-1823), y concretamente en 1820, cuando aparece la logia Amigos Reunidos de la Virtud en Madrid. Esta logia estaba formada íntegramente por españoles y es auspiciada por el Gran Oriente de Francia, lo que seguramente indica que no existe ninguna obediencia activa en ese momento. Está formada por treinta y dos masones, la mitad de ellos militares. Entre ellos, figuran los tenientes generales José Zayas y Eugenio Portocarrero, conde de Montijo; Cipriano Palafox, conde de Teba, que último ya estaba en la lista de miembros de la logia Beneficencia de Josefina. En 1822, en Cádiz, se funda la logia Los Verdaderos Amigos Reunidos.

El 13 de septiembre de 1821, Pío VII publica la constitución *Ecclesiam Christi* contra los carbonarios, citando las bulas de Clemente XII y Benedicto XIV, y a las sociedades de Liberi Muratori o de masones, "sociedades de las que es imitación la de los carbonarios, si no es una rama".

Tras el trienio liberal, la represión antimasónica confecciona listas con centenares de nombres contrarios al régimen absolutista, que son acusados de pertenecer a sociedades prohibidas, aunque realmente no lo eran. Se produce una identificación de liberales y masones. De hecho, el Real Decreto promulgado el 6 de diciembre de 1823 acusa a la masonería de ser la responsable "de la revolución en España y en América, y el más eficaz de los resortes que se emplearon para llevarla adelante".

Otro real decreto, este con fecha de 1 de mayo de 1824, concede el indulto a todos los opositores al régimen, excepto a los que hubiesen "militado en sociedades secretas". La situación llega a tal extremo que una célula de 9 de octubre de 1824 les declara enemigos "del altar y del trono" y les condena a "muerte y confiscación de bienes". La pena que se lleva a cabo, como demuestra que, por ejemplo, el 24 de agosto de 1825 se ajusticiara a siete masones, cinco de ellos militares, que son arrestados en Granada.

El 13 de marzo de 1825, la constitución apostólica *Quo graviora,* de León XII, reitera las condenas anteriores de Clemente XII, Benedicto XIV y Pío VII, afirmando que "se aplicaban a toda sociedad clandestina presente o futura, cualquiera que fuera el nombre, que tuviera por fin el conspirar en detrimento de la Iglesia y de los poderes del Estado". El 14 de febrero de 1827, una real cédula manda guardar y cumplir esta bula.

El 12 de julio de 1828, se publica una circular que excluye "a los grados académicos, licenciaturas, honores o destinos públicos a cuantos hubieran pertenecido a sociedades secretas". El 19 de marzo de 1831 un real decreto establece "comisiones militares ejecutivas y permanentes a causa de los hechos criminales perpetrados por las sectas tenebrosas".

Todas estas leyes provocan que cientos de personas sean encarceladas y ajusticiadas por "presuntos masones", pudiendo afirmarse que la pertenencia a la Orden es utilizada por Fernando VII para acabar con sus opositores, y especialmente con los liberales. Esta obsesión, al igual que luego pasaría con el general Franco, lleva a que fuese explotada por informadores, políticos y aduladores, que le hacían llegar discursos, cartas reservadas, edictos de otros países, lo que le llevó a una "psicosis antimasónica" muy alejada de la realidad.

La muerte de Fernando VII, en 1833, produce la rebaja de la presión contra la masonería; sin embargo, sigue prohibida. Así, el 22 de noviembre, se hace público el acuerdo del Consejo por el que se cambia la fórmula de juramento conforme al artículo 10 de la Real Célula de 1 de agosto de 1824, en el que están obligados los empleados de no "haber pertenecido a sociedades secretas, se variase en lo sucesivo con la expresión de que no pertenece ni pertenecerá".

El 26 de abril de 1834, la reina gobernadora María Cristina establece por real decreto la amnistía de los masones y les permite el acceso a los cargos públicos, pero condenando "a quienes pertenecieran a sectas secretas después de esa fecha". De hecho, se sigue persiguiendo a los masones, aunque la pena de muerte se sustituye con la de dos a seis años de cárcel o el destierro por el mismo tiempo.

Durante estos años nacen las logias Virtud e Ilustración en Mahón (1837), Valor y Constancia en Granada (1838) y La Vigilancia en Bilbao (1838).

En 1838, se funda en el exilio de Portugal, por Pedro de Lázaro y Martín, la segunda Gran Logia Nacional de España. El 10 de diciembre se sancionan y aprueban los estatutos generales de la Comunión Masónica Española y la Ley Orgánica y Constitucional de la Orden de los Libres Masones Españoles en Lisboa. Obediencia politizada, como demuestra que en sus estatutos se indique que "la Orden de los Libres Masones tiene por objeto el ejercicio de perfeccionar el bien de la humanidad y obedecer bien y fielmente al legítimo Gobierno Constitucional de Su Majestad D.ª Isabel 2.ª, al bien general de la Península, y al exterminio de la guerra civil contra los tiranos usurpadores"; o la declaración realizada en una sesión extraordinaria el 3 de mayo de 1839, en la que se afirma que la obediencia tiene como fin "sostener po derosamente los reinados de doña Isabel II y de doña María II es el punto esencial de nuestro conocido interés; en él estriba la pacificación de la Península y todas las ventajas reales que sus maternales sentimientos deben producir", o que algunas de sus logias, como la Valor y Constancia de Granada, se titulara "Sociedad Política y Masónica" y se consideraran los "verdaderos patriotas".

En mayo de 1841, el gran maestre Pedro de Lázaro abandona Portugal, pero antes la masonería lusitana le otorga poderes para "establecer tratados y alianzas con los Orientes extranjeros, e incluso, si le fuera preciso, contraer un empréstito de 20 000 reales de vellón con las logias extranjeras que quisieran proteger a la masonería española". Su nuevo destino fue Burdeos, en Francia, donde fue reconocido por siete logias de esta ciudad como gran maestro.

Poco después, en septiembre de 1841, el gran maestre decreta nulos y sin valor los nombramientos de algunos cargos de la obediencia, entre ellos los conferidos a Carlos Celestino Magnan, al que se le prohíbe la entrada en todo templo masónico, "borrándole sin dilación alguna de todo cuadro, libros y papeles oficiales y exoficiales". Le sustituirá Francisco González en el cargo de gran diputado y representante general.

El día 23 de ese mes, Pedro de Lázaro comunica la publicación de los estatutos generales del Supremo Gran Oriente Nacional de España, así como los catecismos desde el grado primero al séptimo.

Los problemas continuaron y el 2 de octubre, por circular, el gran maestre pide la unión de todos los masones, denunciando a "perversos y corrompidos hermanos", entre los que se encuentra Carlos Celestino Magnan, que perjudican a la Orden mezclándola con la política.

En marzo de 1842, Pedro de Lázaro se encuentra en Londres, donde solicita un tratado de amistad con la masonería británica, que no logra.

El Gobierno de España durante la regencia de Espartero (1840-1843), que sustituye a la regencia de María Cristina (1833-1840), sigue considerando a la masonería fuera de la ley. Se encuentran las logias Fidelidad Masónica en Palma de Mallorca (1842), Hijos de la Virtud en Madrid (1843) y Constantes Amantes de la Virtud en Barcelona (1843).

Con la caída de Espartero y la mayoría de edad de Isabel II, las cosas no cambian. Así, en 1845 se detiene a veinticinco masones de una logia madrileña tras ser descubiertos unos papeles y la causa que se abre en el juzgado de primera instancia de Novelda y Aspe (Alicante).

El 9 de noviembre de 1846, Pío IX, en el mismo año de llegar a la sede de Roma, establece su encíclica *Qui pluribus*. Considera que la masonería es la causa principal de todos los problemas que sufre la Iglesia y, en particular, los Estados Pontificios. En 1848, se produce la revolución romana y el papa se ve obligado a refugiarse en Nápoles.

En 1846, Carlos Celestino Magnan crea un Gran Oriente denominado, según unas fuentes, Hespérico, y según otras, Gran Oriente Español, que se disuelve en 1848. Algunos autores afirman que Magnan en 1844 y después, entre 1846 y 1870, es gran comendador.

En esos años se encuentran en Barcelona las logias Virtud e Ilustración (1847), La Sabiduría (1847) y Triunfo de la Amistad (1849).

El Gran Oriente Nacional de España desaparece en 1847, sin que se tengan más noticias sobre ella hasta 1866.

En la encíclica *Quanta cura,* del 8 de diciembre de 1864, se vuelve a reprobar a las sociedades clandestinas. Detrás de ello, está el hecho de que el nuevo Gobierno italiano se sirve de ellas en su lucha contra los Estados Pontificios.

Desde la Gloriosa hasta la crisis finisecular

Tras la revolución de septiembre de 1868 y la consagración en la constitución de 1869 de la libertad de reunión, asociación, prensa y expresión, la masonería puede desarrollarse libremente, pudiendo organizarse y crecer tras años de trabas gubernamentales.

El 12 de octubre de 1869, con la constitución *Apostolicae sedis,* se unifica toda la legislación contra la masonería y las sociedades secretas, y se excomulga a todos aquellos que "diesen su nombre a la masonería o carbonería o a otras sectas del mismo género, que maquinan contra la Iglesia y los legítimos gobiernos, ya abiertamente, ya clandestinamente".

La restauración borbónica que se inicia en 1876 repercute en la Orden. La masonería puede mantenerse activa, e incluso gracias a la Ley de Asociaciones de 1887, puede establecerse legalmente por primera vez. Es un periodo donde se involucra con el republicanismo, pues tiene que acoger a los republicanos perseguidos por la monarquía tras la caída de la Primera República, siendo lugares donde se practica la libertad de pensamiento y se mantienen dentro de parámetros generales de tolerancia y laicidad.

León XIII (1878-1903), que sustituye a Pío IX, hereda el odio a los masones, apareciendo al menos doscientos documentos condenatorios. De estos, el más importante será la encíclica *Humanun genus,* publicada el 20 de abril de 1884, que dará paso, en multitud de países, incluida España, a asociaciones, congresos y revistas antimasónicas. Entre los congresos hay que destacar el antimasónico de Trento (1896).

Surgen diferentes grupos masónicos u obediencias, muchas veces enfrentadas entre sí. Entre ellos, destacan:

- Gran Oriente Nacional de España. Se agrupa en torno a la figura de Ramón María Calatrava, que es su gran maestre.

- Gran Oriente de España. Masonería organizada sobre bases democráticas y racionales. Su gran maestre es Carlos Celestino Magnan y Clark.

- Grande Oriente Hispano y el Grande Oriente Ibérico (que desaparecen pronto).

- Gran Logia Independiente Española. Unión de varias logias sevillanas y de otras zonas.

- Gran Capítulo Catalán. Unión de logias de Barcelona.

- Logias auspiciadas por obediencias extrajeras:

  - Logias que dependen del Gran Oriente Lusitano Unido. En 1871, reforma su constitución, introduciendo algunos cambios que obligan a sus miembros a jurar su adhesión al Gobierno portugués, lo que hace que muchas logias en territorio español abandonen la obediencia y gran parte pasen al Grande Oriente de España. Esta obediencia está reconocida por la Gran Logia de Inglaterra.

– Logias dependientes del Gran Oriente de Francia, como Los Amigos de la Naturaleza y de la Humanidad de Gijón entre 1871 y 1879, pasando después al Grande Oriente Nacional de España. En Barcelona, entre 1869-1892, encontramos la logia La Sabiduría. Por último, en Cartagena, Los Hijos de Hiram desde 1870 hasta 1873, que posteriormente se une al Grande Oriente de España.

• Además de estas obediencias, hay que añadir otras que están activas en este tiempo: la Gran Logia Simbólica Española del Rito Antiguo y Primitivo Oriental de Memphis y Misraim, la Gran Logia Simbólica Catalana-Balear, la Gran Logia Simbólica Galaica, la Gran Logia de Colón e Isla de Cuba, la Gran Logia Simbólica de Puerto Rico, etc.

Las obediencias más importantes, y enfrentadas entre sí, son el Gran Oriente Nacional de España y el Gran Oriente de España.

El Grande Oriente de España

Esta obediencia tiene un carácter democrático, en oposición al espíritu autoritario que preside el Gran Oriente Nacional de España.

El 21 de julio de 1870, se nombra gran comendador y gran maestre a Manuel Ruiz Zorrilla, presidente del Gobierno, que sustituye a Carlos Celestino Magnan y Clark, que abandona el puesto por su avanzada edad. Este cambio produce el aumento de logias y afiliaciones, especialmente entre los miembros de los partidos políticos liberales. Los vaivenes políticos hacen que cambien las cosas: Amadeo I dimite, se proclama la Primera República el 11 de febrero de 1873 y Ruiz Zorrilla dimite y tiene que exiliarse.

El 16 de febrero, desde Madrid, el gran maestre adjunto se dirige a todos sus miembros, clarificando la postura de la masonería ante la política. Defiende la libertad, reconociendo "en todos los hombres iguales derechos ante Dios, la naturaleza y la sociedad, y amar a todos los hombres como hermanos, amparados en sus necesidades, y consagrarse por amor y caridad al exterminio de la ignorancia y el alivio de la miseria". Añade que "la masonería no pertenece a ningún partido político. En su seno se agrupan todos los hombres de buena voluntad y no se les pregunta si vienen del campo de la Monarquía o de la República, con tal que se ofrezcan a trabajar por la libertad, por la igualdad, por la fraternidad del género humano".

En ese mismo año, se produce una escisión dentro del Grande Oriente de España protagonizada por Juan Antonio Pérez, que es expulsado junto a sus seguidores y constituye su propio Gran Oriente, el conocido como Gran Oriente de Pérez.

El 1 de enero de 1874, Manuel Ruiz Zorrilla reitera su renuncia y convoca una asamblea constituyente que procede a la elección de un nuevo gran maestre, Juan de la Somera. Al poco tiempo Juan Utor, gran maestre del Grande Oriente Ibérico, se une al Gran Oriente de España. El 7 de abril de 1876, es proclamado gran maestre Práxedes Mateo Sagasta, jefe del partido liberal y presidente del Gobierno.

Son años de prosperidad. Hay un aumento considerable de logias y de miembros. Se establecen intercambio de relaciones de amistad y correspondencia con gran número de potencias masónicas extranjeras.

El 10 de mayo de 1881 es sustituido Sagasta por Antonio Romero Ortiz, ministro de Gracia y Justicia, y al morir en 1884 cubre el oficio Manuel Becerra, demócrata y exministro.

Una nueva escisión y disgregación tanto en la obediencia como en el Supremo Consejo se produce cuando Utor y Fernández es acusado de irregularidades administrativas, lo que lleva a escisiones y a la disgregación del Grande Oriente de España y su Supremo Consejo.

El Grande Oriente Nacional de España

A la muerte del gran comendador, Ramón María Calatrava, el 28 de febrero de 1876 es elegido en su lugar el gran secretario marqués de Seoane, que es senador del Reino. Toma posesión el 29 de junio de 1876. En ese momento la obediencia tenía cuarenta y seis logias.

Tras la muerte del marqués de Seoane en 1887, José María Pantoja y Eduardo Caballero de Puga intentan reorganizar la obediencia. Para ello, en Madrid, el 4 de marzo de 1887, convocan una gran asamblea constituyente en la que se declara constituido el Supremo Consejo del Grande Oriente Nacional de España. Este nuevo Supremo Consejo se separa de la masonería simbólica, confiando esta a las grandes logias independientes. Es nombrado gran comendador Mariano del Castillo, a quien poco después sustituyó Alfredo Vega, vizconde de Ros.

Ese año se empieza a publicar la Gaceta Oficial del Grande Oriente Nacional de España, en cuyo primer número, publicado el 25 de julio de 1887, se afirma que la obediencia es una "asociación humanitaria, científica y benéfica, de instrucción y de progreso universal".

El 24 de junio de 1888, se inaugura un colegio que va dirigido a "dar educación y enseñanza a los hijos de masones, y a coger, alimentar, educar y enseñar gratuitamente a los hijos huérfanos de padres masones que estuvieran en actividad en la época de su fallecimiento".

El fracasado intento de fusión de los dos Grandes Orientes

En estos años se producen disensiones dentro de la masonería, momento en que aparece una figura clave en la masonería española hasta su muerte en 1917, Miguel Morayta Sagrario, y el nacimiento del Grande Oriente Español, que será clave en la historia de la masonería española a partir de entonces.

Morayta emprende la tarea de reunir a todos los miembros de la Orden dentro de una única organización, tarea que resulta complicada. El 4 de abril de 1888, se une el Grande Oriente Nacional de España con logias disgregadas del Grande Oriente de España, manteniendo el nombre. Pero problemas para la elección del gran comendador dan al traste con el proyecto.

Finalmente, el 9 de enero de 1889, la mayoría de las logias se unen a Morayta y se produce el nacimiento del Gran Oriente Español el 21 de mayo. Morayta es proclamado gran maestre. Esta obediencia en 1894 cuenta con doscientas treinta y cinco logias simbólicas, siete logias de adopción, cuatro triángulos, dos grandes consejos regionales, cinco capítulos Rosa Cruz, once cámaras de Kadosch, que es reconocida por veinticinco potencias extranjeras.

En octubre de 1892, un gran número de logias provenientes del Gran Oriente Nacional de España del vizconde de Ros se reunieron en asamblea y constituyen el Grande Oriente Ibérico. En la práctica es el resurgimiento del

Grande Oriente Nacional de España. En diciembre de 1893, es elegido gran maestre Francisco Rispá Perpiñá. En ese momento, la obediencia tiene cuarenta y nueve logias.

Al mismo tiempo, se constituye otro Gran Oriente Nacional de España, presidido por Pantoja y cuyo gran secretario será Caballero de Puga.

Otras obediencias

Las logias españolas dependientes del Grande Oriente Lusitano Unido son las únicas que están reconocidas por la Gran Logia de Inglaterra. A partir de 1878, tras la Asamblea de Sevilla, en la que se intenta que la obediencia cambie algunos artículos de su constitución, sin conseguirlo, las logias españolas se fueron separando de esta obediencia, aunque algunas como la de Zaragoza no lo haría hasta 1886.

Esta asamblea fue el inicio de un nuevo centro masónico, que nace con el título de Confederación Masónica del Congreso de Sevilla. En 1880, se aprueba su constitución y pasa a denominarse Gran Logia Simbólica Independiente Española, con sede en Sevilla, a la que se irán incorporando muchas de las logias que antes fueron del Grande Oriente Lusitano Unido.

Por otro lado, en 1872, Juan Antonio Pérez, presidente de la Cámara del Grado 30, se impuso al Grande Oriente de España y declaró disuelta la Asamblea de Soberanos Grandes Inspectores del Grado 33. Creó un Supremo

Consejo y un Grande Oriente de España que sus adversarios llamarían, y así ha pasado a la historia, como Grande Oriente de Pérez. Juan Antonio Pérez será su gran maestre y su gran comendador. Tras las irregulares provocadas por Utor y Fernández, recogió gran parte de las logias del casi disuelto Gran Oriente de España. Fue fundamental entre 1884 y 1888.

La Gran Logia Simbólica Española del Rito Antiguo y Primitivo Oriental de Memphis y Mizraim se funda el 24 de febrero de 1889. Su gran maestre fue Ricardo Sallaberry. Tras él, en 1893 encontramos a Enrique Pérez de Guzmán, marqués de Santamarta; y unos años más tarde, en 1896, lo será Isidro Villarino.

No se puede olvidar en este recorrido a la Gran Logia Simbólica Catalana-Balear, que junto al Gran Oriente Español será fundamental desde el inicio del siglo xx hasta el final de la guerra de España en 1939. Se funda el 2 de agosto de 1886 por Rosendo Arús Arderiu, apoyado por Federico Castells, Cristóbal Litrán, Lorenzo Frau, Eduardo Fontseré, entre otros, con carta patente del Grande Oriente Lusitano Unido. Esta obediencia tiene su origen en un grupo de masones de filiación republicana y librepensadora que trabajan en el rito francés. Se declara partidaria del Estado Catalán dentro de la Federación Ibérica. El catalán es la lengua oficial de la obediencia. Defienden la separación del simbolismo frente al filosofismo y, con ello, se niegan a supeditarse a los liberales de Madrid, que controlan el Supremo Consejo. Esto hace que sea acusada de separatista por el resto de las obediencias españolas. En el momento de su fundación contaba con veintidós logias y novecientos setenta y cuatro miembros. Durante muchos años será Rosendo Arús el gran Maestro y el gran, secretario Lorenzo Frau Abrines. La constitución se aprueba definitivamente en 1887.

Se fundan otras logias regionales, como la Gran Logia Simbólica Galaica (1889), la Gran Logia Simbólica Provincial de Málaga (1891); la Gran Logia Provincial de Murcia (1893) o la Gran Logia Regional de Andalucía (1889).

La crisis finisecular

Entre 1896 y 1903 se produce una crisis compleja dentro de la masonería, en la que dejan de trabajar la mayoría de las logias y de las obediencias. De hecho, el GOE se puede mantener a duras penas en Madrid, desapareciendo casi totalmente del resto de España o, al menos, muchas logias quedan desligadas de la obediencia. A este periodo se le conoce como "crisis finisecular". Tiene varias causas:

- La multitud de obediencias que trabajan en esta época, rompiendo con el principio masónico que establece que solo puede existir una obediencia regular por país.

- Una crisis interna (rencillas, contradicciones, divisiones, falta de objetivos comunes, etc.) dentro de la Orden, que, en los albores de 1896, hace difícil la sociabilidad masónica.

- El tema colonial. La masonería es acusada de ser la responsable de los movimientos independistas filipinos. La clausura política de la masonería en 1896 muestra que el Gobierno necesita encontrar un responsable al que culpabilizar de la guerra colonial y no encuentra otro mejor que la masonería, vista por parte de la sociedad más conservadora como una asociación tenebrosa, de reputación dudosa y antipatriota.

- Los movimientos antimasónicos. La propaganda clerical y conservadora tiene un afán revanchista puesto, que la Orden se había posicionado con los principios liberales y democráticos, que son sus enemigos naturales.

- Los problemas económicos dentro de las obediencias.

- La cuestión social.

Los miembros de la Orden tienen que defenderse de la campaña que les acusa de antipatriotismo. Sus defensores naturales (republicanos, librepensadores, anarquistas, etc.) no pueden apoyarles, por miedo a recibir la misma acusación, en un momento donde el patriotismo está exacerbado. Así, el 30 de agosto de 1896, en el Boletín, del Grande Oriente Nacional de España se hizo pública la siguiente protesta:

El Grande Oriente Nacional de España, en virtud de los telegramas que denuncian los tristes acontecimientos de filipinas declara que es tan español como indica su título; que al tratarse de una causa nacional, su patriotismo no tiene límites [...]. El sentimiento de la patria no se discute; y nosotros, ante todo, somos españoles.

Son años en que surge la leyenda del satanismo en la masonería a través de Gabriel Jogang Pagés, conocido como Leó Taxil. Fue una figura controvertida, que después de un breve paso por la masonería, de donde fue expulsado y de escribir libros anticlericales, en 1885 simula su conversión al catolicismo para hacer de sus ataques a la Orden, un negocio que le lleva a escribir una serie de libros antimasónicos. León XIII llega a recibirle en audiencia. Finalmente, en 1897, en pleno congreso antimasónico de Trento, descubre el engaño, reconociendo que todo lo que había dicho se lo había inventado. Muchas de sus teorías influyen en los movimientos antimasónicos y algunas de sus mentiras han durado hasta hoy. Todo ello explica el silencio general que se produce desde 1896, pero también se puede afirmar que, si la sociabilidad masónica hubiera estado bien implantada un real decreto, no hubiera podido destruirla.

No se puede terminar este capítulo dedicado a la masonería española del siglo XIX sin recordar que no estuvo legalizada oficialmente. La mayoría de las logias y obediencias se acogieron a la Ley de Asociaciones del 30 de junio de 1887, presentando ante los gobernadores civiles correspondientes los estatutos, que ocultaban su carácter masónico y declarándose centros de recreos, benéficos o de ilustración. La única obediencia que se presentaría como masónica será el Gran Oriente Español, el 5 de julio de 1889.

La masonería entre 1900 y 1931. La reconstrucción de la Orden

En estos años, trabajan en España las siguientes obediencias:

- El Gran Oriente Español (GOE). Obediencia predominante. Tiene sede en Madrid, en la calle Pretil de los Consejos número 5 en los primeros años. Se trasladó a la calle Príncipe 12 bien entrado el siglo XX.

- La Gran Logia Española (GLE), que inicia su andadura con el nombre de Gran Logia Catalana-Balear y que tiene el mayor número de sus logias, como su nombre indica, en Cataluña y Baleares. El cambio de nombre se produce en 1921.

- El Gran Oriente de España (GODE). Se considera heredera del Gran Oriente de Pérez. En 1908, absorbe al Gran Oriente Hispano; en 1914, se fusiona con el GOE. Resurge en 1922 y su base será la logia madrileña, La Catoniana. Se integra definitivamente en el GOE en 1933.

- El Derecho Humano (DH). Asociación masónica mixta que nace en Francia en 1893. Comienza su andadura española en Madrid en 1921 con el triángulo San Albano.

El Gran Oriente Español (GOE)

Se puede decir que es la obediencia más importante de España desde el inicio del siglo XX hasta su exilio tras la guerra de España. Esta obediencia se reorganiza tras la crisis finisecular en torno a la figura de su fundador, Miguel Morayta, pero nunca llega a tener el número de miembros, ni la importancia del siglo anterior.

El GOE representa una forma diferente de hacer masonería. Es un proyecto dinamizado por miembros fundamentales del partido republicano, una idea mesurada de República y una sensibilidad social y educativa cercana a la Institución Libre de Enseñanza. Se mantiene cercana a los partidos de oposición al sistema canovista. Se puede decir que es republicana moderada, anticlerical, reformista en lo social y conservadora en los principios masónicos.

Aunque un principio básico de la masonería es el acatamiento del poder constituido que viene reflejado desde su inicio en las constituciones de Anderson, el GOE considera que no está obligado a ello puesto que la clase política cercana al régimen mantiene una autoridad basada en valores inmorales, y es así como justifica su alineamiento con la oposición al régimen dinástico. Desde el inicio de la refundación del GOE, y aunque oficialmente Miguel

Morayta Sagrario y gran parte de la cúpula del GOE no admiten ninguna desviación partidista, algunos sectores comienzan a ver la necesidad de contactar con la oposición. Así, en la Asamblea General de 1901 se nombra gran maestre al diputado republicano Emilio Menéndez Pallarés y se toma la decisión de crear un "comité de política y diplomacia" que tiene como objetivo "entablar contactos con la clase política, española y extranjera, para intervenir en la política y en el Gobierno".

El GOE reforma su Constitución en 1902, separando los grados simbólicos de los filosóficos. Estos se mantienen unidos por acuerdos y por una administración común. Esta dirección bicéfala va a causar serios problemas, como se verá en el futuro.

El GOE consigue ser nuevamente legalizado y, al mismo tiempo, abandona la neutralidad política en 1903 cuando apoya a la Unión Republicana. Miguel Morayta es uno de sus promotores, de la que dice en la Gran Asamblea General de mayo de ese año que es la "única fuerza política que puede llevar a cabo el necesario cambio político nacional". Es elegido, por esta formación, en las elecciones celebradas el 30 de abril de 1903, diputado por Madrid mientras que el gran maestre del GOE, Emilio Menéndez Pallarés era diputado por Valencia.

El GOE sufre graves problemas a consecuencia de una nueva disidencia, que da lugar a la destitución del gran maestre José Marenco de la obediencia y a la convocatoria de la Asamblea Extraordinaria del 1 de diciembre de 1905.

En las sesiones de las asambleas del Consejo del GOE del 15 y 18 de diciembre de 1906, y la de 26 de enero de 1907, se apoya la política laica del Gobierno francés y las actividades de la Liga Anticlerical, lo que muestra el apoyo que mantiene la obediencia con las posturas laicistas.

La política conservadora que surge tras las elecciones generales de España de 1907 se plasma en el proyecto de Ley de Represión del Terrorismo, que permite cerrar centros y periódicos sin autorización judicial, lo que provoca que el GOE en su Asamblea de 1908 emprenda una campaña contra dicha norma que considera atentatoria con las libertades públicas.

La legislatura de 1909, presidida por Maura, se caracteriza por continuos enfrentamientos entre el Gobierno y la minoría republicana, que viene unida a detenciones, manifestantes y el aumento de la censura. lo que provoca a una convulsión social. Se produce la guerra en Marruecos, la Semana Trágica y finalmente el fusilamiento del masón, librepensador, anarquista y pedagogo catalán Francisco Ferrer i Guardia.

Estos sucesos se ven, al principio, desde el GOE, de forma distante, puesto que considera que no les concierne. Miguel Morayta no hace declaraciones de apoyo tácito a Ferrer, y esto porque el GOE busca el reconocimiento del poder político. Sin embargo, todas las reticencias se evaporan con el proceso de Montjuic y el fusilamiento de Ferrer.

En julio de 1910, se publica un decreto que establece la creación de las "logias especiales para obreros". Tienen un carácter experimental, de cotización gratuita y donde los materiales necesarios para trabajos son facilitados a mitad de precio. Su objeto es llegar a las capas populares. El asunto se retoma en la asamblea de 1921, cuando se defiende la necesidad de la instalación de triángulos de obreros que tendrían la finalidad de estudiar las cuestiones de su clase. La idea no fragua.

Ese mismo año, el capítulo Esperanza de Madrid declara en la Asamblea de 1910: "Ya es hora de que la masonería deba intervenir de forma activa y directa en la política y gobernación del Estado". En la Asamblea de 1911, se afirma: "Con arreglo a sus leyes, la francmasonería se halla (*sic*) obligada a mostrarse respetuosa con los poderes constituidos, pero esta obligación tiene sus límites allí donde los poderes constituidos dejan de respetar las leyes".

El GOE en 1912 tiene dificultades para encontrar un espacio donde desarrollar sus principios, pues hay organizaciones, como las de librepensadores, las feministas, las pacifistas, las esperantistas, las teósofas que ocupan esos lugares. A esto hay que añadir que los Gobiernos de Moret y Canalejas habían emprendido medidas cercanas a los principios masónicos en relación con la cuestión laica, lo que provoca que se encuentre en la disyuntiva de apoyar o no los cambios gubernamentales. El asesinato de Canalejas y el abandono de los proyectos laicos lleva al GOE a poner en marcha la Liga Anticlerical Española e iniciar una campaña de movilizaciones contra las órdenes religiosas.

En 1913, la oposición crea la Liga de los Derechos del Hombre, cuya gestación se inicia a raíz de juicio de Montjuic, aunque el detonante es el proyecto gubernamental de incluir la enseñanza del catecismo en las escuelas públicas, considerado por el GOE un atentado a la libertad de conciencia. El primer comité nacional está compuesto por treinta y dos miembros. Una tercera parte, miembros de la masonería, entre ellos, su presidente Simarro y los dos vicepresidentes, Roberto Castrovido y Víctor Gallego. Por tanto, se puede afirmar que la implicación del GOE es total.

En 1914 el GOE firma un pacto de amistad con la Gran Logia Simbólica Catalana Balear (GLSCB) que dura hasta el año 1920. El 31 de diciembre, se produce una nueva reforma de la constitución GOE.

La Gran Guerra evidencia para el GOE la destrucción del concepto humanista y viene, poniendo en la palestra la necesidad de una reforma que permita superar la decadencia en la que está imbuida la sociedad.

En 1914 es elegido por primera vez el masón Eduardo Barriobero Herrán diputado por Oviedo a Cortes, lo que es aclamado por todas las organizaciones masónicas. El Gran Consejo de la Orden piensa que prestará "cuantos servicios se le demandarán".

El gobierno de Dato es incapaz de hacer frente a la crisis que vive el país, y esto lleva a que la Gran Asamblea de 1915 tenga un fuerte carácter político. Se establece un programa de actividades para el trabajo de las logias con los siguientes temas: la cuestión de la propiedad de la tierra, la secularización del Estado, los medios para librar el presupuesto nacional de las cargas de la justicia y un tema anexo, los medios para asegurar en el futuro la paz. Se propone que los fondos del GOE sean ingresados en la cooperativa socialista y se rompe la neutralidad del GOE con respecto a la guerra, manifestándose a favor de los aliados.

En 1916, el GOE está pasando por graves problemas económicos. Nace la liga antigermanófila, de la que son miembros masones como Simarro, Barcia, Domingo, Albornoz o Araquistaín. En la asamblea de ese año, Barriobero defiende la necesidad de la unión de las izquierdas y la elaboración de una plataforma común. Morayta lanza un mensaje de apoyo a las naciones de la Triple Entente.

El 18 de enero de 1917, se produce un hecho fundamental: la muerte del gran maestre y fundador, Miguel Morayta, que, después de una etapa de interinidad, es sustituido por el catedrático y gran comendador hasta ese año, Luis Simarro. Es los casos de ausencia del gran maestro es sustituido por Eduardo Barriobero y Herrán.

El Gran Consejo, en abril de 1917, aprueba un decreto que obliga a todas las logias a redactar una memoria con la pretensión de conocer la situación de España. Estas memorias deben enviarse a la sede del GOE, con el fin de confeccionar un informe que permita establecer la posición de la obediencia ante los conflictos políticos.

El 16 de abril de 1917, el gran maestre en funciones, Eduardo Barriobero, dirige un mensaje a todas sus logias, poniéndoles en guardia de la posibilidad de que España entre en guerra: "A punto estamos de tomar parte activa en la guerra más formidable que la Humanidad ha conocido [...]. Los buenos masones no pueden permanecer indiferentes ante tan lamentable estado de cosas; [...] nuestras logias [...], no cumplirán sus deberes con sólo reunirse y practicar de un modo estricto y literal lo que nuestros Rituales preceptúan".

En junio de 1917, se celebra en Madrid la Gran Asamblea del GOE. Eduardo Barriobero presenta una memoria que refleja el estado de crisis al que se enfrenta la sociedad. Se toma la decisión de crear una editorial, que se llamará LIF, siglas de Libertad, Igualdad, Fraternidad.

Ese mismo año, en agosto, el masón Daniel Anguiano dirige la federación ferroviaria de UGT, siendo parte del comité que organiza y convoca una huelga general revolucionaria que pretende la formación de un gobierno provisional. Su fracaso trajo una represión virulenta. Los miembros del comité son condenados a cadena perpetua por sedición y recluidos en el penal de Cartagena. Las logias suspenden trabajos pues se sospecha que están involucradas y no se recobran hasta el año siguiente.

Tras el movimiento, el GOE recauda fondos, reparte auxilios a los presos y sus familias, y acuerda felicitar al masón Augusto Vivero "por sus trabajos periodísticos inspirados en nuestros principios a propósito de los sucesos".

El Consejo solicita a la logia Aurora de Cartagena que visite y atienda a los presos. Ceferino González Castroverde, miembro del Consejo, y Pedro Rico, miembro de la logia madrileña Catoniana, visitan Cartagena con el encargo de felicitar a la logia Aurora y a "los admirables luchadores que están en la cárcel". Incluso se autoriza sacar el estandarte del GOE en la manifestación de 25 de noviembre 1918 en Madrid, a favor de la amnistía.

La Gran Asamblea de 1918 afirma que la actuación de la masonería en España debe "procurar que la masonería sea la plataforma neutral de todas las izquierdas".

Para celebrar el final de la guerra, el GOE organiza en el teatro Benavente de Madrid, el 4 de diciembre de 1918, un "Festival masónico en honor de la paz y de los aliados".

Pese a los deseos de varios miembros del Gran Consejo del GOE, para los que la masonería se tiene que mantener al margen de la política, en la Asamblea de 1919 se protesta por "los atentados a los derechos de los ciudadanos y por la arbitrariedad del poder".

Muchos miembros de la masonería creen que la reorganización de la Gran Logia Regional Simbólica Catalana Balear, que se produce en 1919, exige al GOE evolucionar y abandonar la postura inmovilista. Se solicita la reorganización federal, la separación de poderes y la democratización efectiva del GOE. Este posicionamiento no consigue vencer las reticencias del Consejo, que mantiene una política continuista.

El Segundo Congreso de la Internacional Comunista, celebrado en 1920, aprueba la exclusión de sus filas a los miembros de la masonería, por considerarla una organización burguesa. Algunos comunistas se niegan a abandonar la Orden, saliendo del partido. Es el caso de Daniel Anguiano.

En junio de 1921, fallece Luis Simarro, que es sustituido en la gran maestría por Augusto Barcia Telles y en la presidencia de la liga de los Derechos del Hombre por Unamuno. En la liga, el masón Eduardo Ortega y Gasset ocupa la secretaría.

El GOE considera que necesita un órgano profano de expresión. Para ello, en enero de 1922 consigue que la revista *España* reaparezca después de unos meses de cierre tras el fracaso económico de la empresa editorial España S.A., de la que son directores Ortega, Araquistáin y Azaña.

Gran Logia Simbólico Catalana-Balear (GLSCB)

Esta obediencia, cuando reinicia su reconstrucción en 1900, mantiene sus tres pilares básicos: republicanismo, anticlericalismo y librepensamiento, logrando expandir sus valores fuera de Cataluña, en los primeros años del siglo XX y cierto apoyo internacional, aunque sin lograr ingresar en la Oficina Internacional de Relaciones Masónicas, primer foro masónico internacional estable fundado en 1900 en Suiza y donde el GOE se asegura ser la representante masónica de España.

En 1914, se convierte en la Gran Logia Regional Catalana-Balear (GLRCB), la cual establece un pacto de amistad con el GOE. Este acto es visto por el GOE como la fusión de ambas obediencias; mientras que la GLRCB lo considera un «pacto de unión», pero un "pacto libre", que reconoce las particularidades entre ambas masonerías, que no llegarán a ser una.

En 1919, la GLRCB propone una reordenación territorial de la masonería, es decir, un sistema federal y el abandono del dominio centralizado del Gran Consejo de la Orden del GOE. Estas ideas son calificadas como "disparatadas" por el GOE, lo que no es más que el reflejo de la oposición a la campaña de autonomía catalana que se había iniciado unos meses antes. Ante esta situación, en 1920 el propio GOE renuncia al acuerdo, siguiendo ambas obediencias caminos diferentes. La GLRCB intenta ser reconocida por varias obediencias extranjeras como el Gran Oriente de Francia, la masonería italiana e incluso la inglesa. Sus dirigentes consideran que deben transformar la obediencia en una entidad estatal, cambiando su nombre por el de Gran Logia Española (GLE).

Las primeras reuniones, para iniciar esta conversión, se inician en los primeros días de 1920. En la asamblea extraordinaria del 15 al 17 de marzo cambia definitivamente su nombre. Mantiene su sede en Barcelona y es dirigida por el gran maestre Francesc Esteva i Bertrán y su carácter federal queda recogido en la Declaración de Principios, Constitución y Reglamentos Generales, que son editados en Barcelona en 1921.

La GLE prescinde de la invocación al Gran Arquitecto del Universo, basándose en que su racionalismo le exige no obligar a sus miembros a tener cualquier tipo de creencia o especulación filosófica.

Gran Oriente de España (GODE)

Esta obediencia reclama ser heredera del Gran Oriente de Pérez. Al inicio del siglo XX tiene cuatro logias. En 1908, absorbe al Gran Oriente Hispano. En 1914 se integra en el GOE, dándose por finiquitada, hasta que, varios miembros que no están de acuerdo con el proyecto federativo del GOE la hacen resurgir en 1922.

La figura más importante responsable de la refundación del GODE es Emilio González Linera, que además de una nueva obediencia funda un nuevo supremo consejo: el Supremo Consejo de Grado 33 del Serenísimo Grande Oriente de España.

El GODE será considerada una obediencia irregular tanto por el GOE como por la GLE.

En 1932, el GODE tiene cuatro logias: la Catoniana en Madrid, la Manuel Ruiz Zorrilla en Barcelona, la logia Colón en Sevilla y la logia Adelante en Toledo.

La fusión definitiva con el GOE se produce en la XII Asamblea Nacional Simbólica del GOE celebrada en Barcelona del 23 al 25 de junio de 1933.

Derecho Humano (DH)

Derecho Humano es una asociación masónica mixta que nace en Francia en 1893. Es fundada por María Deraismes y Georges Martin. La Federación del DH en España comienza en 1921. Fue promovida por Manuel Treviño Villa, con el triángulo madrileño San Albano, manteniéndose al margen de la vida social, cultural y política. Sus miembros forman parte, mayoritariamente, de la teosofía.

Masonería y dictadura (1922-1931)

El Gran Oriente Español (GOE)

El GOE quiere transformarse, acabar con su estructura burocrática, jerárquica y centralizada, y sustituirla por una federal. Ese deseo queda desdibujado tras los estatutos del Supremo Consejo de Grado 33 de 20 de noviembre de 1922 y su proyecto de constitución de 1923, que es aprobada en marzo. La constitución no llega a estar en vigor, ya que se crea el Gran Consejo Federal Simbólico (GCFS), en el que reaparece la figura del gran maestre en la figura de José María Rodríguez. Se fundan las Grandes Logias Regionales Simbólicas y se firma un pacto de amistad entre el Supremo Consejo de Grado 33 y el Gran Consejo Federal Simbólico. Ambos organismos se reconocen mutuamente y asumen que los grados simbólicos son competencia del GOE y los filosóficos, del Supremo Consejo. Se produce la independencia del simbolismo frente al filosofismo.

En 1923, el GOE no ha sido admitido en la Asociación Masónica Internacional (AMI). Trabaja incansablemente para lograrlo, pero encuentra una gran resistencia de la masonería norteamericana y de la Gran Logia Española (GLE). Finalmente, será admitido en septiembre de 1924, en el Congreso Masónico de Bruselas. Tendrá que renunciar a las logias de Norteamérica, Puerto Rico y Filipinas, y firmar un acuerdo de amistad con la GLE.

En las asambleas nacionales del GOE de los años 1924, 1925 y 1926 se hace un recuento de los sucesos conflictivos con la dictadura. Mientras, los movimientos contra Primo de Rivera se llevan con gran discreción, lo mismo que su participación en proyectos que pretenden coordinar a las fuerzas opositoras. Es tanta la precaución que se recomienda que los auxilios destinados a los hermanos detenidos se ofrezcan de palabra y no por escrito.

Las persecuciones de la dictadura habían lanzado a Francia a muchos opositores. Entre ellos, el escritor y masón levantino Vicente Blasco Ibáñez; el jefe del partido radical y también masón, Alejandro Lerroux; y al masón Eduardo Ortega y Gasset. Las logias ayudan a sus miembros exiliados y también a profanos comprometidos, uno de los cuales es Miguel de Unamuno.

A finales de 1925, se empieza a organizar una conspiración, que se conocerá como "la Sanjuanada", pues tendría lugar el 24 de junio de 1926. Participan republicanos, políticos, intelectuales, un sector del Ejército y algunas logias, como las madrileñas Ibérica, Mantua, Mare Nostrum, Nomos o la Danton. Entre los masones implicados se puede nombrar a José Salmerón, Antonio Lezama, José Giral, Martí Jara, Marcelino Domingo, Honorato de Castro, Jiménez de Asúa, Aguilera, Weyler, Segundo García, Galán, Perea, Rubio, Domingo, Barriobero, Marañón, Lezama, Benlliure, Tuero, Pestaña, Quemades, Gardó, Riquelme, Mangada, Cabanellas, Núñez del Prado o Álvaro de Figueroa Torres (conde de Romanones), entre otros. Melquiades Álvarez González-Posada es la persona que redacta el manifiesto, que debía hacerse público tras el triunfo de la sublevación. Este, tras ser nombrado presidente del Gobierno, debía convocar cortes constituyentes. Finalmente es un fracaso y supone un punto de inflexión entre la masonería y el directorio, lo que provocó la ruptura.

Muchos de sus impulsores son detenidos y sometidos a consejo de guerra. La ayuda del GCFS del GOE es decisiva, puesto que Augusto Barcia se encarga de defender a algunos de sus miembros. La obediencia se ocupa de la asistencia de los miembros de la masonería encarcelados, de la organización de visitas y de la creación de un fondo para auxiliar a sus familias.

El GOE aprueba abandonar su sede en Madrid y trasladarse a Sevilla. La decisión del cambio se decide en la asamblea extraordinaria de mayo de 1925, a propuesta de Diego Martínez Barrio, para alejar al Gran Consejo del centro del poder político de la dictadura. El cambio se produce en 1926.

La V Asamblea Nacional Simbólica se celebra del 10 al 12 julio de 1926 en Alicante y se clausura en Elche. Demófilo de Buen es elegido por aclamación gran maestre. El reajuste organizativo del GOE se da por concluido en esta asamblea, que se conoce como "la Covadonga de la masonería española". Se aprueban definitivamente las bases estatutarias.

Demófilo de Buen se siente incómodo como gran maestre, por la politización del GOE, a lo que hay que unir su delicada salud. Esto permite entender que sea un gran maestre más formal que real y que en su mandato de cinco años, de julio 1926 a julio de 1931, Diego Martínez Barrio, segundo en el Gran Consejo, desempeñe el cargo de gran maestre de forma accidental o interina en grandes periodos de tiempo, y casi de forma continua a partir de 1928. De cualquier modo, su equipo trabaja para evitar las campañas contra el régimen y conseguir que la obediencia no se salga de sus aspectos simbólicos.

Se vive un momento de fuerte ajetreo político cuando el GOE celebra la asamblea de mayo de 1927 en Madrid. Se impone la adhesión al frente de izquierdas contra la dictadura, en lo que no están de acuerdo Martínez Barrio y Demófilo de Buen. Lo mismo se produce en la asamblea de Gijón de 1928, en la que además se elabora un proyecto de constitución y reglamento, que son promulgados en la siguiente asamblea. Esta constitución entrará en vigor el 1 de enero de 1930 y está vigente hasta 1933.

En 1928 se prepara un nuevo complot. Dirá Vidarte:

"Varias veces se nos había anunciado que iban a cerrar las logias, pero continuábamos reuniéndonos normalmente [...]. Aumentaba el número de militares republicanos y el contacto entre los que eran masones y los demás para la preparación del movimiento revolucionario, el cual llevaron exclusivamente hermanos nuestros: los generales Núñez de Prado y López Ochoa, y los jefes y oficiales Carratalá, Díaz Sandino y Fermín Galán".

Por su parte, la Alianza Republicana está presidida por Alejandro Lerroux. En ella figuran masones como Marcelino Domingo, Giral, Martí Jara, Marsá y Castrovido, que junto a Azaña, Sánchez Guerra y Villanueva forman la organización del movimiento. Este grupo pretende apoyar una sublevación militar que, auxiliada por la ciudadanía, acabe con la dictadura. El complot es descubierto por Martínez Anido y el 11 de septiembre se efectúan detenciones en casi todas las capitales de provincia y en las principales ciudades. Entre los detenidos se encuentra el gran maestre, Demófilo de Buen. La dictadura sospecha que la Orden está detrás de las conspiraciones.

En 1929, se intenta el pronunciamiento conservador de Sánchez Guerra. Consiste en la sublevación de todas las fuerzas comprometidas a la vez. Posteriormente, se uniría el pueblo y la CNT, e incluso, si fuese necesario, se piensa en convocar una huelga general. En el movimiento participan, entre otros, los masones Mariano Benlliure y Tuero, Emilio Palomo y Miguel Jara. Estos se trasladan a Valencia el 28 de enero de 1929, fecha en que se fija el levantamiento. Castro Girona, que era pieza clave, se echa atrás y el movimiento no tiene éxito. Este fracaso contribuye al aumento de las tensiones en el seno de la alianza. Algunos de sus miembros consideran a Lerroux proclive al entendimiento con los monárquicos, lo que ayuda a que se produzca la escisión de su ala izquierda. Según dirá Ángel Galarza, será en la cárcel, en la que se encuentra por la participación en el pronunciamiento de Sánchez Guerra, en el que los masones Álvaro de Albornoz, Marcelino Domingo, Benito Artigas y Galarza acuerdan fundar el Partido Republicano Radical Socialista (PRRS). A este partido se unen personajes como José Salmerón, Fernando Valera, Leopoldo Alas, Félix Gordón Ordax o Juan Botella Asensi. Como se puede ver, excepto Leopoldo Alas, que no hay constancia, el resto son masones.

En 1929, la VIII Asamblea Nacional Simbólica se celebra en Barcelona. Se denota la preocupación al haberse producido numerosas bajas y la constatación de la hostilidad gubernamental hacia la masonería. La agonía y el derrumbamiento de la dictadura de Primo de Rivera en enero de 1930 y los acontecimientos que le siguen hacen que el GOE se encuentre, una vez más, en la disyuntiva de involucrarse en el cambio o no hacerlo. Este dilema se vive de forma más evidente en la primavera de 1930, cuando se inicia la IX Asamblea Nacional del GOE de Cartagena, en la que actúa como gran maestre accidental, una vez más, Martínez Barrio.

Con la *dictablanda* del Gobierno del general Berenguer, la monarquía es incapaz de volver a la senda constitucional y ofrece a los republicanos una oportunidad que exige la unión de todas las fuerzas opositoras. La Alianza Republicana y el Partido Radical Socialista en mayo de 1930 firman un acuerdo que establece un comité de delegados que coordinan los esfuerzos para poder instaurar la República. El pacto queda abierto a todos los grupos republicanos. El primero en hacerlo es el partido Unión Republicana Autonomista de Valencia del masón y novelista Vicente Blasco Ibáñez. Después se unen tres organizaciones locales: la Federación Republicana Gallega, la Organización Republicana de Guipúzcoa y la Unión Republicana de San Sebastián. A fines de junio se hace un llamamiento público, por parte de la comisión organizadora del Partido Radical Socialista, a la UGT y la CNT para que se unan al establecimiento de un régimen de derecho. Se suma la Derecha Liberal Republicana y, con ello, algunos monárquicos decepcionados, encabezados por Niceto Alcalá-Zamora y Miguel Maura. El catalán era el único núcleo importante del republicanismo que sigue al margen del acuerdo, y ello por su carácter nacionalista y su hostilidad hacia Lerroux. Las dos obediencias masónicas apoyan la idea de un gran pacto. El GOE acuerda en mayo que la masonería debe aunar esfuerzos para que se llegue a una "firme y cordial inteligencia entre los hombres de izquierda", con el objeto de recobrar los derechos individuales, el retorno a la normalidad constitucional y la garantía de la libertad de conciencia. Al mes siguiente la GLE abandona su apoliticismo y apoya la creación de un "bloque nacional de izquierdas", la separación Iglesia-Estado y la convocatoria de Cortes Constituyentes que decida la forma de Estado. Aunque ambas obediencias no se declaran abiertamente a favor de la República.

Alcalá Zamora, Miguel Maura, Prieto, Azaña, Fernando de los Ríos y Álvaro de Albornoz forman originalmente el Comité Revolucionario. En un deseo de darse a conocer y de organizar a los grupos republicanos se reúnen en San Sebastián. Esta reunión se celebra en el Círculo Republicano, el 17 de agosto de 1930. En ella se llega al acuerdo de agrupar a todas las organizaciones que quieran implantar la República.

Se inicia la preparación de una nueva intentona, que se conoce como "la sublevación de Jaca", en la que participan, entre otros, miembros de la Orden, Graco Marsá, Sediles, Salinas, Cabanellas, Ramón Franco o Fermín Galán. A primeros de noviembre de 1930, Galán se encuentra en Madrid, donde se entrevista con el Comité Revolucionario en el Ateneo y asiste a una tenida de la logia Ibérica, en la que están presentes militares significativos y miembros de otras logias, y en cuya sesión se informa de que el movimiento revolucionario contra el régimen se produciría en diciembre. Como otras intentonas, fracasa. El 14 de diciembre de 1930 son detenidos Maura, Alcalá Zamora y Albornoz; el 15 de diciembre de 1930, Largo Caballero y de los Ríos. El 19 de diciembre escapan hacia Francia Marcelino Domingo, Nicolau D´Olwer y Martínez Barrio. Azaña se esconde en Madrid. Son fusilados los capitanes Galán y García Hernández. Además, son detenidos y procesados masones como Albornoz, Graco Marsá, Luis Salinas o Miguel Cabanellas. Los templos masónicos son, una vez más, cerrados y reabiertos en enero, aunque Mola "dio orden de vigilar estrechamente las logias de Madrid y de Andalucía". La defensa jurídica de los civiles que habían tomado parte en la sublevación es dirigida por el masón madrileño Luis Jiménez Asúa.

El exilio de Martínez Barrio en Francia, tras la sublevación de Jaca, produce una doble interinidad en la gran maestría, que desde ese momento es presidida accidentalmente por el masón sevillano Francisco Moreno Varga-Machuca. Este periodo se caracteriza por una gran atonía. Asisten a las reuniones pocos consejeros y solo se despachan los asuntos urgentes o de trámite; el resto se remiten a la próxima asamblea.

Gran Logia Española (GLE)

La GLE aprovecha la reforma constitucional del GOE y su desaparición durante un corto periodo, que supone, en la práctica, que la GLE es la única obediencia nacional. Esto le permite ocupar nuevos espacios, aumentar el número de logias y, por ende, de afiliados; y, lo más importante, convertirse en una de las obediencias fundadoras de la Asociación Masónica Internacional (AMI) que se produce en Ginebra en octubre de 1921. Desde ese momento, la GLE muestra un gran dinamismo internacional, participando y asistiendo a encuentros y congresos.

Las relaciones del directorio de la dictadura con la GLE son menos difíciles que con el GOE e incluso Esteva no deja de intentar su reconocimiento con la ayuda de la Asociación Masónica Internacional (AMI). Pero Esteva no obtiene respuesta alguna.

Repetidamente, las dos obediencias llevan sus pleitos ante la AMI. Incluso está el GOE a punto de no ser admitido como miembro por la fuerte oposición que contra su ingreso manifiesta la GLE, que quiere apropiarse el privilegio de ser la única representante de la masónica española. Es Augusto Barcia quien logra vencer la resistencia y el 26 de septiembre de 1924, en Bruselas, se establece un tratado de amistad entre ambas obediencias, que se ratifica en Barcelona en enero de 1925. Las razones del nuevo pacto de amistad están influenciadas por la situación del país, que ve cómo el directorio militar se convierte en civil.

Resulta sorprendente que la memoria de Esteva para la asamblea de 1925 escapara a la censura. En ella, se recoge un compendio de los principios políticos de la GLE con una carga antidictatorial y, por extensión, antimonárquica. Llega a afirmar que uno de sus objetivos es atraer a "aquellos elementos que, teniendo ideas liberales y progresivas, sean susceptibles de engrosar nuestras filas". Dice que hay que educar al pueblo en "los principios democráticos dentro del bagaje secularizador del republicanismo".

En junio de 1925 la GLE acata el Reglamento de Asociaciones, que obliga a permitir que un delegado gubernativo esté presente en las reuniones masónicas, postura que criticará de forma contundente el GOE. La realidad es que la GLE nunca se inscribe como tal en el registro de asociaciones, para evitar las visitas de las autoridades. Existe bajo el paraguas del Ateneo Humanidad de Barcelona.

Esteva, en 1927, vuelve a pretender, sin conseguirlo, presentar la GLE como una asociación adepta al régimen, defendiendo su patriotismo, en un nuevo intento de seguir disfrutando de cierta tolerancia, ya que no consigue su legalización.

Las acusaciones entre las dos obediencias se recrudecen, especialmente en febrero de 1929, cuando se produce la afiliación al GOE de dos logias de la GLE, la Mare Nostrum de Madrid y la Constante Alona de Alicante. La GLE, ante los enfrentamientos con el GOE, denuncia el pacto firmado.

En la asamblea del GLE de mayo 1929 se trata el traslado de la sede a Madrid, la reaparición del boletín oficial de la GLE y el proyecto de un congreso Masónico Iberoamericano, con ocasión de la exposición Universal de Barcelona. Esteva solicita la autorización gubernamental para el congreso que debía celebrarse en Barcelona en el mes de septiembre. Incluye frases de apoyo al dictador, pareciendo que se identifica con el régimen. Las autoridades lo prohíben cuando algunos delegados internacionales ya se encuentran en España.

En junio de 1929, Primo de Rivera proyecta la elaboración de una nueva constitución, momento en que la GLE toma una postura intervencionista, formando parte de las movilizaciones contra la dictadura. En estos meses, se discute un incidente grave relacionado con el masón italiano Rodolfo de Micheli, representante de la GLE en la AMI que realiza unas declaraciones reconociéndose como fascista, lo que desencadena un "terremoto en la obediencia". Este incidente finaliza con su separación de la masonería.

Primo de Rivera dimite el 28 de enero de 1930, tras lo que se produce la asamblea de la GLE de 1930, que se posiciona con la oposición al Régimen y llega a varios acuerdos: constitución de un bloque nacional de izquierdas, la unidad electoral en torno al candidato de este bloque, el compromiso electoral de llevar a las Cortes leyes que reconozcan las libertades y derechos de la ciudadanía, la separación de la Iglesia y del Estado, la enseñanza laica y la proclamación de la soberanía popular.

En la Gran Asamblea Ordinaria que la GLE celebra en Madrid los días 8 y 9 de junio de 1930, se observa un patente descontento de sus miembros, que no entienden el posicionamiento de su gran maestro Esteva contra el GOE, sobre todo en un momento en que el GOE había propuesto la completa unión de ambas obediencias.

En julio de 1930, se produce una disidencia dentro de la obediencia, lo que da lugar a la separación de un gran número de logias, que se afilian al GOE, y el abatimiento de columnas de algunas otras.

Masonería y Segunda República (1931-1939). Un sueño roto

El Gran Oriente Español (GOE)

El 14 de abril de 1931 se instaura la Segunda República y el día 26 de abril se produce la primera sesión del GCFS, en la que el gran maestre Demófilo de Buen expresa la alegría de la obediencia por la implantación de la República.

Los ministros masones del gobierno provisional, sin contar a Azaña, que se inicia en 1932, ni a Largo Caballero y Nicolau D'Olwer, que aunque constan como masones en el fichero del Archivo de Servicios Documentales de Salamanca, no hay prueba de ello, se tiene al ministro de Estado Alejandro Lerroux García; al ministro de Fomento, Álvaro de Albornoz; al ministro de Comunicaciones, Diego Martínez Barrio; al ministro de Justicia, Fernando de los Ríos; al ministro de Instrucción Pública, Marcelino Domingo Sanjuán; y al ministro de Marina, Santiago Casares Quiroga.

Este periodo se caracteriza por la dificultad con la que se encuentran los miembros de la masonería, que son a su vez miembros de un partido político, puesto que los enfrentamientos son continuos entre los grupos republicanos, especialmente entre republicanos-socialistas y radicales, lo que tiene eco en las logias, y por ende en las grandes logias regionales y en el GCFS.

Para muchos miembros de la masonería hay que volver al terreno iniciático; de hecho, tanto en el GCFS como en el Supremo Consejo del Grado 33 predominan las voces que defienden el apolitismo de la Orden. Pero el regreso es difícil.

Entre los días 10 y 11 mayo de 1931 se producen los sucesos conocidos como "la Quema de Conventos". El motín popular madrileño que se extiende a otras ciudades y de él son otra vez acusados, entre otros, los masones, aunque, como señala Alcalá Zamora, "ni siquiera facilitaron a la trama del crimen el aprovechamiento individual, nunca plan colectivo, del secreto y de la red de afiliado".

El GCFS no se vuelve a reunir hasta primeros de julio de 1931. En esta reunión se fija la fecha de la asamblea extraordinaria, que tiene lugar a mediados de ese mes. En esta gran asamblea se toma la decisión de trasladar la sede a Madrid. El traslado se produce a primeros de septiembre, fijándose en la calle del Príncipe, 12, sede-templo de la GLRC y de la mayoría de las logias de esta ciudad, lo que ofrece a la masonería madrileña la oportunidad de controlar el GCFS, que desde el traslado a la sede sevillana había sido controlada por la masonería andaluza.

El amplio número de diputados masones, su prestigio, su presencia en todos los grupos de izquierda, "alentaron las expectativas intervencionistas de las logias" en las Cortes, lo que lleva a gestionar la celebración de reuniones de diputados masones para tratar temas "de común conveniencia". Como estaba previsto, se elige un nuevo GCFS y sus miembros toman posesión de sus cargos el 11 de septiembre de 1931. En él encontramos una importante presencia de miembros del Consejo de Ministros del gobierno provisional, de las Cortes Constituyentes y en definitiva de las altas esferas de la política del país. Para muchos, es impensable que los ministros, los altos cargos y, sobre todo, los miembros de las Cortes afiliados al GOE puedan actuar a título individual, sin tener en cuenta que, por encima de sus opiniones, están las de la Orden, más cuando la coordinación entre logias y grupos políticos durante la dictadura había sido tan estrecha.

En los meses siguientes se constata la ausencia del gran maestre de las sesiones del GCFS y mantiene el silencio en otras, practicando una política de demoras en los acuerdos. Finalmente, se convoca una asamblea extraordinaria. El masón Jiménez de Asúa, presidente de la comisión parlamentaria que elabora el proyecto de constitución, la presenta a la Cámara el 27 de agosto de 1931. La discusión de sus artículos deja en evidencia que no existe unidad entre los diputados masones. De hecho, el tema religioso muestra, como dice Marcelino Domingo, que "la Iglesia había tenido la fortuna de unir a los antirrepublicanos y a separar a los republicanos".

Acción Republicana presenta una enmienda, proponiendo que la Iglesia sea considerada corporación de derecho público con un estatuto especial. La propuesta es aprobada por varios diputados masones, que no quieren el enfrentamiento con el catolicismo sino lograr una República laica, acorde con la postura oficial del GOE. Pero existe otro grupo de masones, menos partidario del entendimiento, que defiende la disolución de las órdenes religiosas, la nacionalización de sus bienes y la equiparación de la Iglesia católica con las demás religiones.

El voto femenino rompe, también, el consenso entre los miembros de la masonería, que, aunque están de acuerdo con que la mujer debe tener derecho al voto en las mismas condiciones que el hombre, condiciones del momento, les hace pensar a algunos que el asunto debe esperar. Los socialistas, y entre ellos los socialistas masones, votan con la derecha en contra del voto femenino. Los radicales socialistas y Acción Republicana piensan que hay que aplazar el voto. Tampoco las masonas mantienen un posicionamiento común en este tema.

El GCFS no toca en sus reuniones cuestión alguna que pueda interpretarse como que se inmiscuye en las sesiones parlamentarias que van del 28 de septiembre hasta el 26 de octubre de 1931. Además, los doce diputados a Cortes miembros del Consejo —Ramón González Sicilia, Ángel Rizo, Vicente Marco Miranda, Francisco Saval, Eloy Vaquero, Adolfo Chacón de la Mata, Manuel Muñoz, Juan Santander, Pedro Rico y Abad Conde— apenas tienen en la Cámara actuaciones importantes. Solo Pedro

Vicente Gómez y Fernando Valera intervienen en los debates. Las posturas de los ministros miembros del GCFS tampoco son unánimemente aplaudidas en los talleres.

Entre los días 20 a 22 de febrero de 1932, se celebra una gran asamblea, que tiene lugar en Madrid, donde se enfrentan las opiniones de los afiliados andaluces, mayoritariamente pertenecientes al Partido Radical, y los miembros de las logias de Madrid, que pertenecen en gran parte a otros partidos republicanos.

Azaña ingresa en la masonería a los pocos meses de acceder a la jefatura del Gobierno, en marzo de 1932. Como escribe en sus memorias, su iniciación no le importa nada. Su cuñado Rivas Cherif afirma que se inicia siguiendo los deseos de algunos amigos de grados superiores, pero, cuando ve la ineficacia de la orden, no vuelve a una logia. Su iniciación sorprende a algunos de sus más cercanos colaboradores y amigos, como Giral, Fernando de los Ríos o Mateo Hernández. Realmente, su entrada es una operación política relacionada con la crisis que vive el GOE por el tema religioso. Un sector de las logias considera que el desarrollo de las leyes laicas, que se realizan en las Cortes, no es suficiente por la falta de disposición de Martínez Barrio y los otros destacados políticos masones que son miembros del Consejo para acercarse a posturas más anticlericales. Este enfrentamiento dentro de la masonería es un reflejo de la crisis que está viviendo la izquierda burguesa, pues algunos están cerca de las posiciones socialistas y radicales-socialistas; mientras que otros, a las de los radicales que apoyan al gran maestre Martínez

Barrio. Para Vidarte y Fernando de los Ríos la entrada de Azaña en la Orden es consecuencia directa de la oposición de los radicales al Gobierno. Rafael Gerona Martínez defiende que "al rumorearse que Azaña proyectaba ingresar en la masonería para hacerse dueño de esta, los radicales decidieron ingresar en masa en la organización para evitar la jugada de Azaña". Cipriano Rivas advierte que Azaña nunca creerá en la influencia social y política de la masonería.

La iniciación del presidente del Gobierno moviliza a los partidarios de Lerroux, que pretenden neutralizar los efectos de la entrada del jefe del Gobierno en una logia madrileña del GOE. La contraofensiva se produce pocos días después, también en marzo, cuando Lerroux abandona la logia Adelante de Barcelona, perteneciente a la GLE, y se afilia a la logia madrileña La Unión del GOE, logia política cercana a los radicales. En esta están varios incondicionales de Lerroux, como el venerable Juan Sarradell —que además es vocal del GCFS—, Dámaso Vélez, Alfonso Reyes, Mateo Congosto, Rafael Gerona, Mariano Benlliure, Joaquín Dicenta, Carlos Madariaga, Martínez Abad, José Luis Mayral y José Ferrer Sama.

El choque se inicia unos meses antes de la iniciación de Azaña, en diciembre de 1931, cuando Aselo Plaza, gran secretario del Consejo del GOE y venerable maestro de la logia matritense, presenta una serie de propuestas que el consejo remite a una futura asamblea extraordinaria. Entre estas está su pretensión de que los masones que ocupan cargos políticos, incluidos los diputados, queden sometidos al control de las logias: para asegurarlo, tienen que renovar sus promesas y comprometerse a comparecer para justificar sus actuaciones. Además, las logias deben compilar y remitir al Gran Consejo una relación de todos los miembros que ocupan cargos públicos y crear comisiones que se encarguen de recoger todas las denuncias que se produzcan contra ellos. La asamblea extraordinaria del GOE se reúne en Madrid del 20 al 22 de febrero de 1932. En ella aprueba la propuesta de Plaza, aunque matizada.

El 10 de marzo de 1932, los masones Botella y Gomáriz presentan una moción en las Cortes, que consiste en la supresión o aminoramiento del presupuesto del culto y clero. La propuesta es apoyada por la GLRC.

En la gran asamblea nacional extraordinaria, iniciada el 30 de octubre de 1932, se produce la caída del GCFS. La asamblea acepta la dimisión de todos los consejeros y del gran maestre. Este último queda en funciones hasta la elección de su sustituto. Los miembros con puestos políticos relevantes dejan la dirección de la Orden.

El problema más urgente del nuevo equipo de gobierno del GCFS sigue siendo el control de los miembros masones del parlamento y los cargos públicos, puesto que muchos de ellos no reconocen la autoridad moral del colectivo. Se aprueba exigir la ratificación de las promesas de modo inmediata y da como fecha tope el 10 de febrero de 1933 para que el Consejo haya recibido las relaciones de la afiliación que hubieran renovado sus juramentos y la de aquellos que no lo hubieran hecho, advirtiendo a las grandes logias regionales que no se concederán nuevos plazos para el cumplimiento de la obligación. Se suceden las noticias de las celebraciones de ceremonias de ratificación en las distintas zonas masónicas.

A finales de 1932 se plantea en el Gran Consejo la necesidad de que los diputados masones estén unidos y conseguir salvar el proyecto de ley sobre confesiones y congregaciones religiosas, sobre todo en los postulados de la Orden. El promotor es el masón Ceferino González. La falta de asistencia de algunos miembros retrasa la toma de decisión, que es postergada hasta el día 18 de febrero de 1933.

El 1 de febrero de 1933, el gran maestre de la GLRC, Juan Manuel Iniesta, plantea la necesidad de crear una liga laica, lo que da lugar a la Liga de Educación y Enseñanza (LEYE), que viene a ser la sucesora de la Liga Nacional Laica. Para darle forma se reúnen representantes de varias logias.

En la gran asamblea nacional ordinaria, que se celebra el 25 de junio de 1933, se proclama como gran maestre a Diego Martínez Barrio. También se afronta el problema que plantea la adhesión de una parte de la masonería alemana al fascismo. Para Martínez Barrio, los masones alemanes han creado y cultivado "una masonería nacional, estrecha, limitada, subordinada a los fines temporales y perecederos de un régimen político, y tal concepción raquítica de la Orden tenía que acarrearle graves consecuencias".

Han olvidado que "la masonería es anterior y superior a todos los regímenes políticos y sociales, a todas las nacionalidades y a las grandes creencias religiosas".

La reforma de los estatutos tiene lugar en la asamblea extraordinaria celebrada días antes de la ordinaria del 23 al 27 de junio de 1933, por acuerdo del Consejo de 20 de abril de 1933. Entran en vigor el primero de octubre de 1933.

Los partidos antirrepublicanos inician campañas contra el rumbo que está tomando la República. Acusan a los miembros de la masonería, entre otros, de "vender a la Patria".

El 8 de octubre de 1933, el GCFS se reúne en el domicilio del gran maestre Martínez Barrio, tras haber sido elegido presidente del Gobierno, y por tanto se ve incapaz de llevar personalmente la dirección del GOE. Se designa un gran maestre adjunto, el diputado radical Antonio Tuñón de Lara, y se constituye un nuevo equipo de gobierno de la obediencia.

Las elecciones generales de España que se celebran a finales de 1933 hacen perder a la masonería dos tercios de los escaños, además de llevar al gobierno a una alianza de la CEDA con los radicales. Esta alianza termina de complicar la vida interna de la Orden, pues no entiende que los radicales gobiernen con una organización que está dispuesta a acabar con todas las reformas conseguidas y que acusa a la masonería de fanatismo y antipatriotismo.

Reaparecen los viejos argumentos contra los afiliados radicales. En una reunión de la comisión permanente del GCFS, en la que se trata la cuestión de las coaliciones electorales, se recuerda a los miembros del GOE la imposibilidad de llegar a acuerdos, pactos o alianzas con los partidos enemigos de la Orden y de no cumplirse, se abriría un expediente disciplinario.

La República es para los socialistas un periodo de transición hacia el régimen socialista y para los nacionalistas catalanes, el camino hacia un estado catalán. Azaña intenta convencerles de que sus aspiraciones podían tener cabida dentro de la República, pero el auge de la derecha tras las elecciones de noviembre de 1933 y la entrada en el Gobierno de la CEDA hacen que ambos opten por la insurrección.

En marzo de 1934, Amaro del Rosal, miembro de la ejecutiva del Partido Socialista, considera que la Orden está manejada por los radicales. Se aprueba la incompatibilidad entre ser dirigente del PSOE y afiliado a la masonería, lo que obliga a los masones de los Ríos, Vidarte y de Francisco a pedir la plancha de quite para poder seguir desempeñando su cargo dentro de la ejecutiva del PSOE.

Martínez Barrio, en marzo de 1934, dimite como ministro de la Gobernación. Abandona el Partido Radical y funda el Partido Republicano Radical Demócrata, al que se afilian muchos masones radicales desencantados con el partido de Lerroux, entre ellos algunos diputados. Este hecho coincide con la renuncia a la gran maestría.

La gran asamblea nacional simbólica del GOE se celebra en Madrid del 25 al 28 de mayo de 1934. En ella se denuncia "las actuaciones políticas de determinados hermanos nuestros, que están [...] en abierta pugna con fundamentales postulados de nuestro ideario". En la asamblea, se recuerda el carácter apolítico de la masonería, pero reconoce la necesidad de la defensa de los postulados de la Orden.

Algunos miembros de la UGT y del PSOE, y a la vez de la masonería, se ven involucrados en la crisis de octubre de 1934, que tiene consecuencias inmediatas dentro de la Orden, pues se ven obligados a suspender todas sus actividades de modo preventivo y no gubernativo, pese a que la derecha no cesa de hacer peticiones al Gobierno para que la masonería sea prohibida. El Gobierno se limita a vigilar las logias y a la detención de un gran número de afiliados. Se crea un fondo nacional de ayuda a los detenidos y sus familias, y se hacen peticiones para su liberación que parte de Liga Española de Derechos del Hombre, que está íntimamente relacionada con la Orden.

En enero de 1935, se autoriza a las logias a reanudar las actividades, que hacen con discreción y prudencia, aunque se teme que sean víctimas de "las hordas fascistas".

En febrero de 1935, se produce el discurso en las Cortes de Cano López, en el que se defiende que los militares no pueden pertenecer a la Orden. Afirma que entre los veintiún generales de división son masones López Ochoa, Cabanellas, Gómez Morato, Riquelme, Núñez del Prado,

Sánchez Ocaña, Gómez Caminero, Villa Abriles y Molero. Entre los generales de brigada, son masones Urbano, Llano, Miaja, Cruz Bullosa, Pozas, Martínez Cabrera, Giménez, López Gómez, Martínez Monje, Castelló, Romerales y Fernández Ampón. Además, nombra a alguno otro de menor rango. La proposición no es aprobada.

Con este espíritu tiene lugar la asamblea extraordinaria del Gran Oriente Español de marzo de 1935 en Barcelona. La asamblea aprueba la elección como gran maestre de Augusto Barcia. Pero este dimite en junio, lo que provoca que el pleno del GCFS acuerde convocar elecciones, en las que es elegido el masón murciano Ángel Rizo Bayona. El gran maestre Ángel Rizo nombra en septiembre de 1935 la gran comisión permanente, que se encarga de redactar un anteproyecto de nuevos estatutos y reglamentos. Estos son muy contestados por amplios sectores del GOE por su carácter centralista y, según algunos grandes maestres de las grandes logias regionales, por su tendencia a suprimir la prohibición de discusiones políticas y religiosas en las logias. El gran maestre está convencido de que la masonería debe abandonar su posición política.

El GOE sigue en un estado de postración cuando se celebra el 28 de diciembre de 1935 en Valencia la XIV Asamblea "ordinaria y extraordinaria". Son pocas las noticias que nos ha llegado, puesto que los sucesos de octubre de 1934 provocan que se dejen de publicar los trabajos. No puede realizarse la prevista reforma de la Constitución, estatutos y reglamentos, se tratan únicamente cuestiones administrativas.

Desde febrero a julio de 1936, se produce el último intento de llevar adelante el proyecto político que la izquierda burguesa había consagrado en la Constitución de 1931. El gobierno de Portela se enfrenta a presiones para que declarara el estado de guerra, e incluso ve posibilidades de un golpe militar. Dimite el 19 de febrero de 1936. Ello va en contra de los deseos de Azaña y de Martínez Barrio, partidarios de que el traspaso de poderes se haga tras la reunión de las nuevas Cortes. Manuel Azaña recibe el encargo del presidente de la República de formar gobierno y Martínez Barrio ocupa la presidencia de las Cortes.

La llegada del Frente Popular es bien recibida por las logias, pero no tiene el suficiente calado para rehacer con normalidad las actividades masónicas. EL GCFS, por decreto, aplaza a abril de 1936 la asamblea nacional y envía un escrito a todas las grandes logias regionales, en el que se pide a los hermanos y las logias que "no envíen correspondencia con sobres y membretes masónicos a los secretarios (también masones) de los hermanos que ejercen cargos públicos". Rizo inspira a una política de colaboración entre el GOE y el Frente Popular.

Las Cortes se reúnen el 16 de marzo de 1936, pero hasta el 3 de abril de 1936 no se constituyen definitivamente. La presencia masónica en aquellas Cortes no aumenta respecto de las de 1933.

En mayo de 1936, Azaña es elegido presidente de la República.

El levantamiento dentro del Ejército se está fraguando. A comienzos de julio de 1936, el general Mola, jefe de la conspiración, se queja de que el alzamiento puede que no se realice, pues algunos de sus compañeros de armas tienen dudas. Pero el asesinato de José Calvo Sotelo el 13 de julio contribuye a poner fin a esas dudas. El propio general Franco parece que se decide a alzarse nada más recibir la noticia.

La extrema derecha y más tarde el franquismo acusa a la masonería de haber participado en el asesinato de Calvo Sotelo, intentando relacionar no solo a la Orden, sino a la más alta magistratura de Estado con el asesinato. Entienden que es un acto premeditado y el desencadenante de la guerra de España. Olvidan intencionadamente que el asesinato de Calvo Sotelo es consecuencia directa del asesinato del teniente del Cuerpo de Asalto José del Castillo Sáez de Tejada, que se produce poco antes y que se encuadra dentro de la reacción espontánea de algunos de sus compañeros, que se toman la justicia por su mano. Por otro lado, las causas últimas y más profundas de la guerra se deben buscar mucho antes.

En la causa general, la teoría de la conjura masónica del asesinato establece una cadena masónica desde la presidencia de la República hasta el último ejecutor, lo cual no se demuestra. Se ponen de relieve supuestas amenazas del presidente del Gobierno y masón Casares Quiroga, pero sin pruebas.

Con el comienzo de la guerra de España, las dos obediencias españolas apoyan al Frente Popular y la causa de la República. La Orden olvida sus incertidumbres, consciente de que están en juego los ideales masónicos. El 29 de julio de 1936, el GOE invita a las obediencias extranjeras a interceder a través de sus "hombres representativos" y de sus Gobiernos, para aportar ayuda moral y material a la República. El 7 de agosto de 1937, el GCFS se dirige a las logias regionales. El objetivo es "conseguir la unificación de todos los partidos republicanos y una verdadera unión antifascista para el logro de la victoria".

Castrovido, ante la noticia publicada en el *ABC* de Madrid el 23 de septiembre de 1936, en la que se afirma que en Granada se han fusilado a todos los masones, escribe un artículo titulado «Peores que Fernando VII. Los masones de Granada", que se publica el 3 de octubre de 1936.

En la prensa española en general aparecen publicadas algunas notas enviadas por altos organismos masónicos, como el Supremo Consejo de Grado 33, que en octubre de 1936 afirma que la Orden está "entera, total y absolutamente con el Frente Popular, al lado del Gobierno legítimo y contra el fascismo". Por las mismas fechas, se publica un documento bajo el título "La participación de los masones en la cruzada por la Libertad", que detalla la actividad de los miembros de la masonería en favor del Frente Popular. El escrito intenta demostrar que son quienes dan la alarma sobre los preparativos del alzamiento, al tiempo que piden la solidaridad en la lucha.

Con la guerra de España, las actividades del GOE quedan desbaratadas, limitándose a Madrid, con muchas dificultades, y a las zonas de Cataluña y Levante.

El GCFS sigue al Gobierno republicano en sus desplazamientos durante la guerra, primero a Valencia, el 6 noviembre de 1936, y el 30 de noviembre de 1937, a Barcelona. En estas ciudades crea logias accidentales o circunstanciales que dependen de la Gran Logia Regional del Centro de España (GLRC). Desde una de estas logias accidentales en 1938 parte una moción de censura al gran maestre Ángel Rizo. Le acusan de inmoralidad y estafa pública. Las logias accidentales son obligadas a abatir columnas por orden del GCFS el 14 y 15 de mayo de 1938, aunque ya antes había sido aprobada su desaparición en la última gran asamblea de la GLRC, celebrada los últimos días de 1937.

Algunos elementos de la masonería, como González Castroverde, gran maestre adjunto, viaja a Francia y Bélgica en 1937, como enviado del Gran Consejo. Juan Manuel Iniesta, de la GLRC, está en contacto con la Gran Logia de Habla Española en Nueva York y va a Buenos Aires para recaudar fondos. En agosto de 1937, el gran maestre de la AMI solicita "apoyo moral y financiero para la España antifascista". A finales de agosto de 1937, *El Luchador* publica una entrevista del masón Odón de Buen, director del Instituto Oceanográfico Español, quien relata el calvario sufrido durante el año de cautiverio que pasa en Palma de Mallorca hasta que es canjeado.

La dimisión forzada en mayo de 1938 de Ángel Rizo lleva a la gran maestría a Lucio Martínez Gil, zapatero de profesión y socialista, que ocupa el cargo hasta que tiene que salir al exilio. Es el último gran maestro del GOE en suelo español.

El gran maestre, viendo que la guerra estaba perdida, desde Barcelona el 23 de junio de 1938 se pone en contacto con el Gran Oriente de Francia para pedirle ayuda.

El Supremo Consejo de Grado 33, desde su sede de Barcelona el 6 de julio de 1938, se dirige al presidente del Consejo de Ministros, Juan Negrín, sumándose a los Trece Puntos, declaración que se divulga desde varios periódicos republicanos.

Tras el final de la guerra de España, lo que queda de la masonería española tiene que abandonar el país, pues su suerte se une a la de la República.

El GOE comienza el camino del exilio, primero a Francia y después a México.

Gran Logia Española (GLE)

La GLE se felicita por la llegada de la República y se dirige a los miembros de la masonería con cargos públicos para rogarles que sean "leales custodios de estos caudales morales que se les confían", una forma de decirles que antes de miembros de partido son miembros de la Orden.

De hecho, el primer paso del gran maestre Esteva, tras la proclamación de la República, es visitar al presidente del Gobierno provisional para felicitarle y enviar un telegrama a las asociaciones masónicas de cuarenta y cinco países de Europa y de América, pidiéndoles que soliciten a sus Gobiernos "el pronto reconocimiento del nuevo Régimen español".

La GLE emprende una política intervencionista por medio de acciones puntuales dirigidas a los medios de comunicación, los diputados y los miembros del Gobierno. Lo que no puede hacer por medio de su influencia masónica como hace el GOE lo realiza por medio de demandas al nuevo poder republicano.

En la gran asamblea de la GLE que se celebra entre el 23 y 25 de mayo de 1931 en Madrid acuerdan publicar una declaración más propia de un partido político cercano al radical socialista que de una obediencia masónica. Esta declaración se envía a los ministros y los miembros de las Cortes el 20 de julio y se publica en su boletín con el título "La Gran Logia Española ante el proyecto de Constitución", declaración de consumo interno que es utilizada por el gran maestre Esteva con fines propagandísticos y en la que se pide incorporar a las leyes y al proyecto constitucional sus principios. Los cambios que se proponen consisten en el carácter laico del Estado, los derechos políticos, la soberanía popular, la dignidad humana (derecho a la vida y abolición de la pena de muerte), el pacifismo, el Estado federal. Con respecto a los asuntos socioeconómicos y con influencia socialista, el trabajo obligatorio regulado por el Estado y la propiedad de la tierra para los que la trabajan. La declaración es un intento de que se tenga en cuenta a la GLE, en un momento en que solo cuenta con un ministro y unos pocos diputados, muy lejos de la representación que tiene el GOE. Hay que recordar que el Gobierno provisional acuerda no presentar ponencia en el debate de la Constitución, por lo que esta declaración influye muy poco en el resultado final. Por el contrario, su amplia difusión en los sectores políticos es utilizada por la prensa conservadora para denunciar "el peligro masónico".

Finalmente, cuando se discuten los artículos referentes a la cuestión religiosa en el proyecto constitucional en las Cortes, la GLE despliega una triple campaña. Por un lado, envía un mensaje al presidente de las Cortes y al presidente de la República solicitando su apoyo a la separación de la Iglesia y del Estado, la supresión de las órdenes religiosas, la incautación de sus bienes y la anulación de las subvenciones públicas. Por otro, vuelve a exigir a los diputados masones el cumplimiento de sus deberes masónicos. Por último, promueve desde sus logias manifestaciones públicas anticlericales.

En la gran asamblea de 1932, se proponen sanciones a todos sus miembros que no cumplan con su deber masónico en toda circunstancia. Las propuestas son inútiles, ya que la pertenencia masónica es secundaria respecto a la política. También se plantea el cambio de la sede a Madrid, propuesta que se descarta pues se considera que el clima político en la capital no es el más propicio.

En la gran asamblea de junio de 1933, se elige al gran maestre. En las votaciones, Mariano Larrañaga, queda a cuatro votos de Francisco Esteva, pero Esteva renuncia al cargo y Mariano Larrañaga es nombrado gran maestro y Juan Sarradell, gran secretario. De esta manera el equipo directivo pasa de Barcelona a Madrid, después de catorce años en el cargo del binomio Esteva-Gertsch. Se decide el traslado de la sede a Madrid.

El sector madrileño, mucho menos politizado que el catalán, toma el poder. Y así la GLE tendrá dos sectores bien diferenciados: el catalán, radical, nacionalista y con tendencia socialista; y el resto de la obediencia, con posturas más moderadas.

En 1934, se produce finalmente la instalación de la sede en Madrid. Son años en los que una serie de sucesos conmociona a la GLE: la penetración de la política en las logias sobre todo a partir de 1933, la situación en Alemania con la llegada de Hitler al poder y un nuevo activismo de las derechas.

Las tensiones profanas penetran en las logias y la actitud del gobierno de Lerroux con las derechas exacerba a la masonería, lo que acerca al GOE y a la GLE, en busca de un frente común. Larrañaga rechaza el carácter político de la masonería, reconociendo que sus ideales se insertan en la divisa republicana: Libertad, Igualdad y Fraternidad. Admite la diversidad de opiniones políticas y de su puesta en práctica, así como la distinta pertenencia partidista de los miembros de la masonería, pero a la vez defiende que la fraternidad tiene que regir las relaciones entre sus miembros y que los acuerdos de las logias no pueden contener consignas partidistas. Por último, reconoce la independencia de las logias para juzgar las faltas políticas, por antimasónicas, y a sus miembros, pero respetando las libertades de todos.

La posición moderada de Larrañaga levanta críticas en parte de la GLE, que se opone con dureza. La crisis termina en una sesión plenaria del consejo de Gobierno de la GLE en julio de 1934, en la que el gran maestre Larrañaga y el gran secretario Sarradell presentan su dimisión. Son sustituidos por Luis Rodríguez Guerra como gran maestre y Álvaro Guzmán como gran secretario. Pero no se calman los ánimos. Sarradell, que sigue siendo miembro del Consejo de Gobierno, advierte que, para evitar lo sucedido en Austria y Alemania, la "masonería tenía que vivir al ritmo de la actualidad". En cualquier caso, la GLE participa en todos los foros antifascistas, como la Liga Española de los Derechos del Hombre, el Comité Español de Lucha contra la Guerra y el Fascismo, el Frente Antifascista Internacional o el Socorro Rojo Internacional.

En este ambiente se pretende organizar un congreso masónico internacional en el mes septiembre en Madrid, coincidiendo con la celebración de otro congreso internacional del librepensamiento. Finalmente se reúne en Barcelona en junio de 1934.

En octubre de 1934 sufren un importante parón, provocado por los acontecimientos revolucionarios.

En junio de 1935, es elegido gran maestre Juan Sarradell Farras y se lleva a término la reforma constitucional.

En enero de 1936, cuando se comienzan a perfilar las elecciones, la GLE manda una circular a sus logias instándolas a que apoyen al Frente Popular, ya que "debemos corresponder con nuestro desinteresado esfuerzo, a fin de abrir, de un modo franco y definitivo, las puertas de la República a todos los avances sociales, para que encuentren en ella un mejor amparo cuando sufren la injusticia social u otra clase de injustica".

La GLE vive con más incidencia sus propias contradicciones políticas. Además del problema de los miembros del partido Radical, tiene que enfrentarse al nacionalismo catalán, la fuerte movilización política de sus miembros radicalsocialistas, socialistas y algún comunista. Gestión difícil y dura para una obediencia pequeña y en crisis permanente. Se podría afirmar que la sublevación de julio de 1936 no destruye a la GLE, sino que adelanta su desaparición, puesto que está en vías de disolución.

El franquismo. Odio y terror

Con el triunfo de los sublevados y el establecimiento del franquismo, se impone una política de memoria que establece un proceso de cambio y de sustitución. En lugar de establecer una amplia amnistía, que hubiera ayudado a conseguir la reconciliación, tan deseada y esperada, comienza su acción represiva. Se elimina, por la fuerza, el recuerdo del periodo republicano, y se impone el propio, en un juego de olvidos y silencios, construyéndose una memoria impuesta. Se dictan leyes como la Ley de Responsabilidad Política, la Ley de Depuración de Funcionarios Públicos de 10 de febrero de 1939, la Ley de Represión de la Masonería de 1 de marzo de 1940 y la Ley de Seguridad del Estado de 29 de marzo de 1941, entre otras. Estas, unidas a la utilización de la jurisdicción militar, establece un complicado entramado jurídico del que es difícil escapar.

La Ley de Represión de la Masonería se inscribe dentro de las normas y actos implacables que tienen como misión aplastar toda oposición. Se constituye el Tribunal de Represión de la Masonería y el Comunismo (TERMC), que funciona hasta 1964, una vez que el Tribunal de Orden Público puede hacerse cargo de los delitos de masonería.

En la Ley de Represión de la Masonería se insiste en los daños ocasionados por la Orden, estableciendo que "toda propaganda que exaltara los principios o beneficios de la masonería sería castigada con la incautación de bienes y la pena de reclusión mayor" y que sus miembros quedan separados de cualquier cargo de la Administración. Se les imponen sanciones económicas, el confinamiento y penas que van desde los doce a los veinte años de prisión.

Para el franquismo, su verdadero enemigo no son los miembros de la masonería, sino sus ideas, que combaten de forma violenta. Y así se entienden las palabras del gobernador civil de Burgos, el coronel Marcelino Gavilán, cuando afirma que hay que "echar al carajo toda esta monserga de derechos del hombre, humanitarismo, filantropía y demás tópicos masónicos".

La justicia del franquismo desprecia la seguridad jurídica, con lo que logra la indefensión absoluta y el establecimiento de una "justicia al revés", en la cual los defensores del régimen legal republicano son procesados y acusados de alguna de las modalidades del delito de rebelión militar. La jurisdicción militar se adueña de la justicia. La detención de los miembros de la masonería se convierte en una obsesión, llevándolos a la comisaría y a los distintos locales donde actúa el Tribunal de Represión de la Masonería y el Comunismo. Se les encierra a las distintas cárceles que se crean en las ciudades, para finalmente agruparles en la prisión del Puerto de Santa María y Burgos. Las leyes antimasónicas tienen carácter retroactivo y se condena a los miembros de la Orden cuando la pertenencia a la masonería no era un delito. Se juzga y condena a personas que habían abandonado la Orden a finales del siglo XIX, como es el caso de Eduardo Caballero de Puga;

a personas que habían fallecido décadas antes o habían sido fusiladas por uno u otro bando. Mejor suerte tienen a partir de 1943 las personas extranjeras, que son juzgadas pero muchas veces no entran en prisión por aplicación de la instrucción de 3 de julio. En algunos casos son expulsadas y otras condenadas a expulsión atenuada, pudiendo mantenerse en el país. También son juzgadas las personas exiliadas. Sus procesos se archivan provisionalmente y, cuando regresan, se reabren los expedientes. Entonces son condenadas, aunque en general no entran en prisión. El TERMC es más implacable durante los primeros años. Entre 1941 y 1943 la mayor parte de las personas condenadas son encarceladas. A partir de 1944, se mantienen las condenas, pero la entrada en prisión es menos frecuente, aunque se conservan otras penas, entre otras el destierro, el confinamiento, la necesidad de presentarse una o dos veces al mes, la obligación de comunicar la ausencia de la ciudad, que se deniegue el pasaporte o mantener los antecedentes penales.

Por último, hay que indicar que durante el franquismo hay referencias a la creación de algunas logias que debieron tener una corta vida, especialmente en Madrid y Barcelona. Algunos testimonios afirman que se crearon talleres en las cárceles y en sus tenidas usaban servilletas como mandiles. Sin olvidar las que existieron en las bases americanas, adscritas en general a la Gran Logia Nacional de Francia (GLNF), que tenían el compromiso de no iniciar a españoles y que surge tras los acuerdos bilaterales de 1953 con Estados Unidos, que permiten la instalación de bases militares en España.

Transición y democracia. Una nueva oportunidad

La legalización

El ministerio del Interior en 1976 deniega el permiso de inscripción del Grande Oriente Español (GOE) en el Registro de Asociaciones. Ante esto, se presenta un recurso en la Audiencia Nacional. Esta reconoce el derecho del GOE, pero el Ministerio del Interior recurre ante el Tribunal Supremo, que se pronuncia a su favor.

En enero de 1977 se suprime el Tribunal y el Juzgado de Orden Público, que habían sido creados en diciembre de 1963 y que tenían las competencias del Tribunal Especial de Represión de la Masonería y el Comunismo.

El rumor ha acompañado a la masonería a lo largo de su historia, y así, en noviembre de 1977, se afirma que el gobierno había consultado al Episcopado sobre la "despenalización canónica de la masonería", hecho que fue desmentido. También se dice que la logia Unión Hispana de París se había trasladado a Madrid.

Finalmente, el 29 de junio de 1979 fue legalizada *de facto* con su inscripción en el Registro Nacional de Asociaciones, dependiente del Ministerio del Interior. Los artífices de esta inscripción son Villar Massó, abogado madrileño, figura muy controvertida; Jaime Fernández Gil de Terradillos, gran maestro interino del Gran Oriente Español en el exilio (GOEe); y García Borrajo, abogado, gran orador y ministro de Estado del Supremo Consejo de Grado 33. Los tres son expulsados del GOEe a perpetuidad, por apropiarse del nombre del GOE e inscribirlo en España sin su autorización. Además, el gran maestro Gil de Terradillos reconoce la legitimidad de la monarquía española, declaración con la que tampoco está de acuerdo el GOEe, que considera que es un asunto que debe ser objeto de referéndum.

El GOEe nombra como nuevo gran maestro a Francisco Espinar Lafuente, que se ve obligado, el 20 de octubre de 1979, a legalizar en España el GOE con el nombre de Grande Oriente Español Unido (GOEU), que acaba integrándose en la GLE en 1983. Vilaplana en 1987 lo refunda y se une a la Gran Logia Simbólica Española (GLSE) en el año 2000.

El gran maestro Antonio Villar Massó es depuesto por el Consejo Federal del GOE en 1988 y es sustituido por el exparlamentario de Castilla y León José Alonso Rodríguez, que tuvo que hacer frente al estado de bancarrota en el que se encuentra la obediencia. Miguel Ángel de Foruria y Franco se hace con la carta patente del GOE en 1994 y a continuación expulsa a Alonso Rodríguez. El 31 de marzo de 2001, Foruria entrega la carta patente del GOE al gran maestro de la Gran Logia Española (GLE) Tomás Sarobe, a cambio de obtener los derechos sobre el patrimonio incautado por el franquismo a la masonería. Conforme a este acuerdo, la GLE se considera heredera de la tradición masónica española, hecho que no es reconocido por el resto de las obediencias, que consideran que el GOE y la Gran Logia Española no habían tenido relación con la masonería inglesa. Muy al contrario, sus relaciones históricas siempre estuvieron ligadas con el Gran Oriente de Francia.

La masonería en la actualidad

En lo fundamental, siguen existiendo dos grandes tendencias:

- La inglesa, conservadora, dogmática y que se autodenomina regular. Defiende que para entrar en masonería hay que ser hombre, creer en un Ser Supremo y en la inmortalidad del alma. Está representada por la GLE.

- La francesa, liberal y adogmática. Para la GLE es irregular, puesto que acepta la presencia de la mujer y considera que "las concepciones metafísicas son del dominio exclusivo de la apreciación individual de sus miembros, rechazando toda afirmación dogmática". Actualmente representada por las obediencias que forman el Espacio Masónico Español, integrado por las logias en España del Gran Oriente de Francia, la Federación Española del Derecho Humano, la Gran Logia Simbólica Española y la Gran Logia Femenina de España. Hay otras como el Gran Oriente Ibérico o la Gran Logia General de España.

La masonería regular o dogmática. Gran Logia de España (GLE)

Desde Barcelona, Luis Salat i Gusils, simbólico Bolívar, y Miguel Cabra estudian la creación de una obediencia española que fuera "regular de origen", es decir, reconocida por la Gran Logia Unida de Inglaterra. Contactan con la Gran Logia Nacional de Francia (GLNF) y se integran en una logia de Perpiñán. Cuando hay españoles suficientes, crean dos logias en esa ciudad y otra clandestina en Barcelona, denominada San Juan de Catalunya, número 208, el 14 de mayo de 1977, bajo la jurisdicción de la Gran Logia Provincial de Occitania (GLPO).

El 16 de junio de 1980, se funda la Gran Logia de Distrito de España (GLDE), que el 18 de octubre de 1980 es legalizada por el Ministerio del Interior. El primer gran maestro es Salat, que solicita el 17 de junio de 1982 al gran maestro de la GLNF la constitución de la GLE, lo que se produce el 2 de julio de 1982. El 16 de septiembre de 1987 es reconocida por la Gran Logia Unida de Inglaterra. La GLE se organiza en grandes logias provinciales.

Durante su historia, la GLE ha tenido los siguientes grandes maestros: Luis Salat Gusils (1982-1994), Tomás Sarobe Piñeiro (1996-2002), Josep Corominas Busqueta (2002-2006), Josep Carretero i Doménech (2006-2010), Oscar de Alfonso Ortega (2010-2022) y Txema Oleaga (2022).

Masonería adogmática o irregular

Espacio Masónico de España (EME) o Espacio Masónico Español (EME)

El EME es una asociación masónica que agrupa a obediencias que trabajan en España. Tiene como finalidad fortalecer las relaciones entre las obediencias adogmáticas.

El 9 de mayo de 2009 se celebra el acto de la firma de creación en el Aula Magna de la Facultad de Economía y Empresa de la Universidad de Barcelona, en el marco de unas jornadas que lleva por título "Inmigración: laicidad como factor de integración". Las obediencias firmantes son el Gran Oriente de Francia (GODF), la Gran Logia Simbólica Española (GLSE) y la Gran Logia Femenina de España (GLFE). Más tarde, se adhiere el Derecho Humano (DH).

Las logias del GOdF

La masonería francesa siempre ha apoyado la formación de logias en España y el reconocimiento y formación de masones y masonas. Trae a España un modelo que aúna la estructura masónica tradicional, de carácter no dogmático, con una organización moderna, comprometida con la ciudadanía, y que tiene espíritu de llevar sus valores a la calle.

Las catorce logias españolas del GODF son miembros de la región 17, con sede en Toulouse, junto a las logias del sur de Francia, por lo que están totalmente integradas en la estructura de la obediencia francesa. Actualmente y desde 2011, existe un Comité de Venerables de todas las logias españolas del GODF, que tiene como fin conocer, aunar y coordinar las actividades que realizan las distintas logias.

Federación española de DH

El 10 de abril de 1981, fue legalizada en Barcelona la Federación Española de DH, que se integra dentro de la orden asónica mixta e internacional Le Droit Humain, obediencia de carácter mixto, liberal y adogmático.

Gran Logia Simbólica Española (GLSE)

Esta obediencia se registra oficialmente el 27 de octubre de 1980. Su primer gran maestro es Rafael Vilaplana. La obediencia surge a partir de la logia barcelonesa Minerva-Lealtad, que se había separado del GOE de Villar Massó y se había unido al GOEU el 21 de abril de 1979. Se declara respetuosa con las diferencias y especificaciones individuales; rechaza cualquier tipo de dogmatismo; considera que la laicidad es el mejor garante para que el ser humano exprese libremente sus creencias; y lucha por la defensa de los derechos humanos, la moral cívica y la ética. Su constitución establece la organización federativa por distritos. En la asamblea general de la GLSE de 1992, se admite la entrada de las mujeres.

El segundo gran maestro es Roger Leveder Le Pottier Le Boucec (1987-1993). El siguiente gran maestro es Joan García Grau, que restablece relaciones con el GOEU y logra la fusión de ambas obediencias en 2000. El cuarto gran maestro es Javier Otaola (1997-2000). Le sigue Ascensión Tejerina (2000-2006). Jordi Farrerons es elegido gran maestro tras Tejerina (2006-2012), y desde esa fecha hasta 2018, la gran maestra es Nieves Bayo. En la actualidad el gran maestro es Xavier Molina (2018-2022).

Gran Logia Femenina de España (GLFE)

La reconstrucción de la masonería española fue aún más difícil para las mujeres. Su origen hay que buscarlo en la Gran Logia Femenina de Francia (GLFF), y especialmente en la logia parisina Le Rose des Vents, que levanta columnas en 1978 con el fin de ayudar a iniciar a mujeres en países en los que no había masonería femenina.

En esta logia en 1982, se inician las primeras masonas españolas, que luego pasan a una logia en Perpiñán, hasta que abren la primera logia española en Barcelona, el 15 de enero de 1984, denominada Luz Primera. La segunda logia de la obediencia se abre en Madrid el 28 de mayo de 1988, gracias a la ayuda de hermanas catalanas y francesas, y lleva por nombre El Crisol.

Entre 1991 y 1993, hay varios intentos de fundar la GLFE, sin mucho éxito, debido a las discrepancias entre las masonas madrileñas y barcelonesas. Las primeras consideran que la obediencia debía tener su sede en Madrid, algo en lo que no están de acuerdo las catalanas, que son más numerosas.

En un intento de aunar posturas, se permite la apertura en 2002 de una segunda logia en Madrid, aunque no había suficientes masonas para ello. Pero todos los intentos son vanos y en septiembre de 2003, en la asamblea general de la GLFF, la representación de las logias madrileñas abandona la reunión, al no ser aprobada su propuesta de dividir el territorio español en dos. Poco después, en 2004, las dos logias madrileñas cesan trabajos y algunas de sus afiliadas se incorporan a la logia Luz Primera, mientras que la mayoría abandonan la obediencia y se unen a una obediencia mexicana, para más tarde formar una nueva obediencia denominado el Gran Oriente Femenino de España.

Finalmente, el 4 de junio de 2005, en Barcelona, nace la GLFE, con carta patente de la GLFF. Actualmente tiene doce logias y dos triángulos. La primera gran maestra es Paquita Valenzuela (2005-2006), a la que sigue Salvi Presmanes (2006-2009), Ana María Lorente (2009-2012), Teresa Alabernia (2012-2015), Patricia Planas (2015-2017) y Nuria Fuertes Abella (2017-2021). Actualmente Mar Sánchez Bergua es la Gran Maestra.

Gran Logia General de España (GLGE)

El dos de mayo de 1996, siete logias del archipiélago se reunieron en Gran Canaria y se dieron de baja de la Gran Logia de España. Semanas después, a estas siete logias se unieron veinticinco talleres de la península y, entre todas, a finales de ese año, crearon la Gran Logia Federal de España.

La consagración de esta nueva Gran Logia tuvo lugar en los salones del hotel Emperador, situado en la Gran Vía de Madrid. La ceremonia fue presidida por la Gran Logia de Cuba, la Gran Logia Regular de Portugal y el Gran Oriente de Italia. Tras la consagración de instaló como gran maestro al masón canario Alberto Isasi Cuyas (1936-2021).

Una vez consagrada la Gran Logia Federal de España, el Supremo Consejo para España, presidido en aquel momento por Antonio Morón Castellot, rompió las relaciones fraternales con la Gran Logia de España y las estableció con la Gran Logia Federal de España.

Dos años después, la Gran Logia Federal de España, al no conseguir reconocimientos entre el grupo de obediencias anglosajonas, abatió columnas. El Supremo Consejo para España volvió a establecer relaciones fraternales con la Gran Logia de España. Las logias canarias se reagruparon en la Gran Logia de Canarias y otros talleres regresaron a la Gran Logia de España. Un grupo de maestros masones se puso en contacto con el Gran Oriente de Francia, que comenzó a levantar columnas de esa obediencia en España. Otras logias se afiliaron a la Gran Logia de Francia y esta obediencia consagró en Madrid la logia Razón.

En Madrid el 29 de abril del 2006, las logias afiliadas a la Gran Logia de Francia formaron la Gran Logia Confederada de España (GLCF). El acto de levantamiento de columnas se produjo en el hotel Rafael Atocha de Madrid. La ceremonia estuvo presidida por Antonio Márquez, gran maestro de la Gran Logia de Canarias. Al acto asistieron Alain Pozarnik, gran maestro de la Gran Logia de Francia, y el gran maestro de la Gran Logia de Rumanía.

A su inicio la GLCF tenía siete logias peninsulares ubicadas en las ciudades de Madrid, Barcelona, Irún, Valencia, Valladolid y Cáceres. Su primer maestro instalado fue Christian Jordana; el segundo, Adrián Mac Liman; y el tercero, Pablo Bahillo Redondo.

Tiene carácter deísta y no teísta, por tanto, para ser admitido es necesario ser creyente pero no necesariamente en un dios revelado. Tiene carácter masculino pero sus miembros pueden visitar logias femeninas y mixtas; eso sí, las mujeres no pueden visitar las suyas. Sus maestros masones pueden trabajar los grados filosóficos en el Supremo Consejo de España, filosófico del grado 33 y último del REAA, creado por el Supremo Consejo de Francia, en la isla de Tenerife en el año 2002.

En el año 2016, la Gran Logia Confederada de España decide modificar su nombre por el de Gran Logia General de España y continúa siendo su gran maestro Pablo Bahillo Redondo. Actualmente está presidida por Juan Antonio Sheppard Regules. La Gran Logia General de España está integrada en la Confederación Internacional de Grandes Logias (CIGLU), confederación que se creó en París el 18 de junio del 2000.

El Gran Oriente Ibérico (GOI)

El GOI se conforma en el año 2000. Está liderado por Álvaro Marcos Garzón, cuando pierde las elecciones a la gran maestría frente a Tejerina en la GLSE. Esta obediencia tiene el mismo nombre que otra que estuvo en vigor en 1876 y de la que se siente heredera.

En 2001 se inscribe en el Registro de Asociaciones del Ministerio del Interior y en 2003 se produce el primer congreso constituyente del GOI, en el que es nombrado gran maestro Álvaro Marcos Garzón para un periodo de tres años. Trabaja el rito francés y las logias pueden ser masculinas, femeninas o mixtas. En junio de 2015 firma un tratado de amistad con la GLSE.

Gran Oriente Femenino de España (GOFE)

El GOFE nace el 8 de marzo de 2009. Se describe como una "una institución filantrópica, filosófica y progresista que propugna la fraternidad universal y proclama la existencia de un principio creador bajo el nombre de El Gran

Arquitecto del Universo". Se considera continuación de "la rama femenina constituida en los países latinoamericanos por la Muy Respetable Gran Logia Unida Femenina Alma Mexicana del Gran Oriente de México, D. F., y la muy Respetable Logia Simbólica Femenina Luz y Armonía del Estado de Veracruz en México", de quien recibieron su carta patente.

Como se ha dicho, sus orígenes se remontan al 28 de mayo de 1988, cuando comienza en Madrid la andadura de la logia El Crisol, número 192, que consolida el triángulo Ariadna, con apoyo de la GLFF, al que le sigue el 16 de febrero de 2002 el nacimiento de la logia Templanza, orientada a facilitar el acceso a las mujeres de esta comunidad. Ambas logias abandonan la GLFF el 20 de noviembre de 2004 y crean la logia Cibeles, auspiciada por la Obediencia Mexicana, Gran Logia Femenina Luz y Armonía del Estado de Veracruz, con el nombre de Cibeles 7, número 1.

La Gran Logia Tradicional Simbólica-Opera

Esta obediencia tiene una pequeña y reciente presencia en España, puesto que su único exponente es la logia madrileña Génesis, que ha pasado en estos años por varias obediencias.

Gran Oriente Latinoamericano (Gola)

El GOLA nace como Gran Oriente de Chile en el exilio bajo los auspicios del GODF el 21 de junio de 1984 y adquiere su denominación por decisión unánime en la VII Gran Asamblea, en Concepción (Chile), el 12 de agosto de 1990, con el fin de recoger en su seno a aquellos masones y masonas de diversas logias y ritos de Latinoamérica que viven alejados de sus países y de sus raíces culturales. Seis años después, en la VII Gran Asamblea, cambia su nombre por el de Gran Oriente Latinoamericano.

Gran Priorato de Hispania y Gran Priorato Rectificado de Hispania

El Gran Maestro de la GLE, Josep Coromina, prohíbe a las logias que practican el Rito Escocés Rectificado en 2002 y relacionarse con el Gran Priorato de las Galias, lo que provoca que algunos de sus miembros abandonen la GLE y creen el Gran Priorato de Hispania, cuyo representante será Ramón Martí Blanco.

El 5 de julio de 2010, la logia Caballeros de la Rosa número 3 se aparta del Gran Priorato de Hispania y funda el Gran Priorato Rectificado de Hispania el día 16 de octubre de 2010.

La Gran Logia de España de Menfis-Mizraim (GLEMM) y la Orden Martinista Iniciática en España (OMI)

La Gran Logia de España de Memfis-Mizraïm (glemm) se constituye el 25 de mayo de 2009 mediante carta patente otorgada por la Confederación Internacional Franc-Masónica (Supremo Consejo de los Ritos Confederados), que le confiere los derechos para trabajar el rito de Cerneau, el rito de Menfis & Misraïm, el rito escocés primitivo y el rito escocés rectificado. Se define a sí misma como un legado esotérico completo, en el que se incluyen la Iglesia Gnóstica y la Orden Martinista Iniciática de España.

Desde el 1 de marzo de 2011 tienen tratado de amistad y reconocimiento con el Gran Priorato Rectificado de Hispania.

Hay que decir que la situación vivida por el covid desde 2020 ha afectado a las diferentes obediencias, que no han podido reunirse de forma ritual desde el inicio de la pandemia, lo que ha provocado una situación nunca vivida, pues se han tenido que adaptar a las circunstancias y mantener reuniones virtuales, sin ritual, durante este periodo para mantener el principio de fraternidad y el apoyo mutuo, tan necesario en esta difícil circunstancia. A los miembros de la Orden les han privado del trabajo comunitario de sus tenidas, de la celebración de sus rituales, de mirar a los ojos a sus hermanos y, sin necesitar de utilizar la palabra, sin comunicarse, saber que forman parte de una fraternidad. Los miembros de la Orden saben de la importancia de los rituales, de los símbolos, del tiempo; por ello, sus tenidas son tan importantes. En ese momento, echaban de menos sus trabajos rituales; sentir cómo se abren estos y se encienden las tres luces que los iluminarán; ver al experto colocar el compás (representación de lo redondo, del cielo, del espíritu) y la escuadra (representación de lo cuadrado, de la tierra, de lo material), uniendo lo femenino (la tierra) con lo masculino (el cielo), para más tarde trazar su cuadro de logia; ver circular al maestro de ceremonias como un bailarín que marca el orden de la tenida; oír las planchas y la construcción acertada en las intervenciones de los miembros de la logia; su cadena de unión y la tristeza de ver que las luces se apagan y llega el momento del cierre de los trabajos; el ágape donde comparten inquietudes, esperanzas, confidencias, y el brindis que les une.

Tras el covid, la situación de las obediencias y logias ha vuelto a la normalidad, pero muchas de ellas se han encontrado con el problema de que a algunos de sus miembros les está costando recobrar la asiduidad, que es fundamental para la buena marcha de los talleres.

Para finalizar, debe resaltarse, que el 20 de octubre de 2022, se publicó en el boletín oficial del Estado la ley 20/2022 de 19 de octubre, de Memoria Democrática que, por primera vez, declara como victimas a "aquellas personas represaliadas o perseguidas por pertenecer a la masonería" (artículo 3 apartado l) y nulas "las condenas y sanciones y la ilegalidad e ilegitimidad del Tribunal Especial para Represión de la Masonería y el Comunismo" (artículo 5 apartado 2).

Epílogo.
Pacifismo masónico

La guerra de Ucrania y la crisis económica y especialmente energética es una nueva prueba para la masonería española. Se han vivido momentos convulsos y muy delicados que anuncian tiempos aún más complicados. Incluso hay quien afirma que se están viviendo los primeros momentos de una nueva guerra mundial. Por ello, es necesario recordar cuál es el pensamiento tradicional masónico con relación a la paz.

Dentro del marco ético-jurídico laicista, la reflexión sobre la acción formativo-democrática de la masonería se polariza en torno a educar para la paz, que enmarca sus iniciativas dentro de una larga tradición pacifista que desde finales del siglo XIX estuvo presente en el nacimiento y consolidación de la Sociedad de Naciones, de la Liga de Derechos del Hombre y de otras organizaciones humanitarias nacionales e internacionales.

Se puede señalar que, desde la revolución de 1868, la masonería mantiene un marco en favor de la paz, que se pone de manifiesto, por un lado, mediante declaraciones de principios, y por otro, mediante el apoyo de actividades prácticas y proyectos en apoyo, tanto a las corrientes pacifistas de carácter local como internacional.

Ya en las constituciones del GODE de 1871 se decía:

> La masonería que reconoce y proclama la autonomía del individuo es una sociedad pacífica que realiza una misión humanitaria y civilizadora. En consecuencia, todo masón deberá ser también un ciudadano pacífico, de honrada y moral conducta, que acate todos los poderes públicos que se hallen legítimamente constituidos.

La masonería ha jugado un papel importante en la implantación de una cultura de la paz y en la defensa de los derechos del ser humano. Ya en el año de 1889, la logia Libertad de Madrid se adhiere a la Liga de la Paz y la Libertad, y constituye un comité de Paz para conseguir miembros para la liga dentro de la masonería. Su propósito consiste en lograr constituir centros masónicos difusores del pacifismo. La masonería considera que debe contribuir a la paz y trabajar para conseguir el cese de las guerras y que los conflictos se resuelvan por medio del arbitraje. Existe la más completa identidad entre el ideal masónico y los principios del movimiento en favor de la paz. En este sentido, el siglo XX se inicia con un claro posicionamiento de la masonería española.

En septiembre de 1900, en París, asisten a una tenida magna colectiva organizada por la Gran Logia de Francia, dedicada a la paz y el arbitraje internacional, y que se enmarca en el Congreso de la Paz que se desarrollaba en ese momento.

El Buró Internacional de Relaciones Masónicas, con sede en Neuchâtel (Suiza), dirige un llamamiento a todas las logias del Universo en 1903 para celebrar en sesión solemne el aniversario de la apertura de la conferencia de La Haya (mayo y julio de 1899). La masonería española apuesta por el apoyo de las ligas y los congresos por la paz.

En 1903, el GOE publica un escrito titulado "La paz universal", que respalda los acuerdos de la I Conferencia de la Paz de la Haya, que se había celebrado en 1899.

La abolición de las guerras y la defensa de la paz han sido defendidas por la masonería española desde antaño y recomendado en 1905 en el Boletín Oficial del GOE.

En las logias del GOE, la fiesta de la paz se celebra en los años siguientes, es decir, en 1905 y 1906. Queda institucionalizada en 1907 mediante una circular del gran maestre Miguel Morayta publicada en el BOGOE. Esas fiestas se celebran en toda Europa. La iniciativa es fruto de la tradición pacifista de la masonería europea, que desde finales del siglo XIX ha estado presente en el nacimiento o consolidación de la Sociedad de Naciones, la Liga de Derechos del Hombre y de otras organizaciones humanitarias.

Ante las amenazas de guerra que planea en 1912 sobre Europa, la Asamblea General del GOE de ese año, entre los puntos, incluye el de "La Paz Universal". La ponencia es publicada en el BOGOE, y en ella se afirma que la francmasonería no puede permanecer inactiva ante el problema de la paz. Propone a la asamblea que el GOE lleve al Congreso Internacional Masónico una resolución que reafirme "la necesidad de mantener la Paz Universal como base de la prosperidad de los pueblos, y que, en caso de guerra, los masones de cada país beligerante no debían ser solidarios de las causas que motivaran el conflicto, debiendo apadrinar la Orden toda iniciativa en contra de la guerra y en favor del arbitraje".

El estallido de la Gran Guerra en 1914 y sus consecuencias supone un gran impacto en la masonería española, en la que está fuertemente interiorizados los ideales del pacifismo, que consideran una conquista del derecho internacional. De hecho, representa "la destrucción del concepto humanista en que se había fundado el parlamentarismo y la democracia liberal en Europa" e impacta en la conciencia de la masonería española. Consideran que la Gran Guerra es la consecuencia de la decadencia europea, que se ha opuesto a cualquier reforma social y una distribución más justa de la riqueza.

A partir de agosto de 1914 muchos conceptos cambian, pues la masonería constata que la Gran Guerra está destruyendo el concepto humanista básico del parlamentarismo y la democracia liberal europea. Esto lleva a sus miembros a participar cada vez más en las movilizaciones contra el sistema político y social imperante, pues consideran que ha fracasado, al no ser capaz de parar el conflicto, además de ralentizar la tibias reformas sociales, manteniendo una injusta distribución de la riqueza.

Luis Simarro dirige a la gran asamblea del GOE un extenso mensaje dedicado a la cuestión de la guerra y la paz universal en el que afirma que, tras la guerra, se impone los ideales de la paz, libertad, democracia e independencia de los pueblos. Involucrando al GOE, Simarro defiende que los ideales masónicos son "la bandera común de los países que luchaban contra el espíritu de dominación, oligárquico, militarista y fomentador de los odios nacionales que representaban las potencias centrales".

En 1915, la masonería comienza una suscripción en favor de los heridos de guerra de Francia y Bélgica.

Durante la gran asamblea de 1916, Miguel Morayta lanza un mensaje de claro posicionamiento en favor de las naciones de la Triple Entente, y especialmente de Francia y Bélgica. Manifiesta el horror ante la guerra y los fracasos de los tratados internacionales. Poco antes de este mensaje, el Gran Consejo acuerda lo siguiente:

Comunicar a las potencias masónicas de nuestras relaciones la actitud de la masonería española con respecto a las causas que defienden las naciones beligerantes en la guerra actual, declarando reconocer que los aliados luchan por el triunfo de los ideales de libertad, progreso y confraternidad universal, cuyos principios informan el credo de nuestra augusta institución.

Miguel Morayta, en el mensaje a la Gran Asamblea en 1916, hace alusión a los horrores de la guerra y a los fracasos de los tratados internacionales. Con respecto a la futura paz, señala:

> ¿Cuánto se tendría adelantado si existiera ya constituido un formidable núcleo de confraternidad entre un número de pueblos importante? Podría haberlo establecido la masonería o, en otros términos, la confederación de los masones latinos [...]. La masonería no lo hubiera podido todo, pero sí prestar algún concurso, algún apoyo apreciable a la tan deseada paz. ¡Si hasta hubiera podido evitar la guerra!

Más tarde añade:

> En la actual guerra se discute, aun sin pretenderlo los beligerantes, la predicción del gran Bonaparte de que Europa sería pronto demócrata o despótica. Si el imperialismo prusiano venciera, ¡qué espantosa reacción se desataría en los Estados pequeños, aun en algunos de los grandes! Felizmente, este triunfo no es posible, los aliados tienen de su parte la inmensa fuerza de cuantos factores constituyen la causa del progreso.

Unos días antes de este mensaje, el Gran Consejo de la Orden toma un acuerdo:

> Comunicar a las potencias masónicas de nuestras relaciones la actitud de la masonería española con respecto a las causas que defienden las naciones beligerantes en la guerra actual, declarando reconocer que los aliados luchan por el triunfo de los ideales de

libertad, progreso y confraternidad universal, cuyos principios informan el credo de nuestra augusta institución.

Las respuestas a estas decisiones por parte de las autoridades masónicas extranjeras no se hacen esperar: Felicien Court, garante de amistad del GOE cerca del GODF, responde de esta forma al mensaje de Morayta:

El Gran Oriente Español ha salido de su neutralidad y, con la voz tan autorizada de su Muy Ilustre Gran Maestre mi venerable amigo, Miguel Morayta, se colocó, a las claras, al lado de los que, no habiendo querido la guerra, se vieron obligados a tomar las armas para defenderse contra la agresión, para proteger la independencia de las pequeñas naciones y para rechazar por siempre de Europa la opresión militarista, que es una traba a la vida normal de los pueblos, un obstáculo al progreso, una causa constante de ansia y de vicisitudes sin número [...]. La Gran Familia francesa, cuyo eco tan débil soy ahora, saludó con gozo profundo aquellas declaraciones tan hermosas, tan masónicas, que dan la razón a esta reciente palabra del vicerrector de la Universidad de Oviedo: "No hay una neutralidad del corazón".

En enero de 1917, Simarro, como Gran Comendador, se dirige a la Federación del GOE haciendo "fervientes votos porque en el año actual renazca potente y esplendorosa la aurora de la paz y terminen para siempre los horrores de la guerra que tantas víctimas ocasiona y tan destructores

efectos viene produciendo en el suelo de Europa. [...].
¡Paz, paz entre los hombres, y formemos en el porvenir
una inmensa familia de hermanos!".

El 16 de abril de 1917 el gran maestro en funciones del
GOE, Eduardo Barriobero, dirige un mensaje a todas las
logias del GOE, en las que les pone en guardia sobre la
posibilidad de que España entre en guerra y, algo fundamental, señalan que, para cumplir los deberes masónicos,
no basta solo con cumplir los rituales:

> A punto estamos de tomar parte activa en la guerra
> más formidable que la Humanidad ha conocido, y
> frente a esta posibilidad son indispensables una gran
> fortaleza de espíritu, una robustez de conciencia y una
> imperturbable presencia de ánimo, circunstancias que,
> por desgracia, no caracterizan a los que en España,
> desde hace mucho tiempo, vienen administrando la
> cosa pública [...] Los buenos masones no pueden per-
> manecer indiferentes ante tan lamentable estado de
> cosas; de hoy más nuestras logias, y especialmente
> los domiciliadas en territorio español, no cumplirán
> sus deberes con solo reunirse y practicar de un modo
> estricto y literal lo que nuestros rituales preceptúan;
> es preciso elevar algo más el espíritu y el pensamiento,
> y así lo han entendido muchas de aquellas respetables
> entidades que han tenido a bien dirigirse al Gran Con-
> sejo de la Orden y a la Gran Maestría en demanda de
> una orientación.

En 1918, Simarro, en calidad de gran maestre del GOE, se dirige a la Gran Asamblea de ese año con el tema dedicado a la Gran Guerra y la paz universal.

Para celebrar el final de la guerra, el GOE organiza en el teatro Benavente de Madrid, el 4 de diciembre de 1918, una tenida blanca llamado "Festival masónico en honor de la paz y de los aliados". En él interviene el gran maestro Simarro, al que sigue Marcelino Domingo y Mario Roso de Luna. La logia Hispanoamericana, el 12 de diciembre de 1918, felicita a la comisión organizadora de esta tenida.

Como se puede observar, la masonería española ha mantenido la paz como principio vertebrador poniéndose, cuando la paz ha sido imposible, a favor del bando que defiende los principios democráticos, y especialmente el lema que hace suyo: **Libertad, Igualdad y Fraternidad.**

Bibliografía

AGUIAR BOBET, Valeria. *La masonería española en Marruecos,* Las Palmas de Gran Canarias, Idea, 2021.

ALVARADO PLANAS, Javier. *Masones en la nobleza de España,* La Esfera de los Libros, Madrid, 2016.

ÁLVAREZ LÁZARO, Pedro. Masonería, laicidad y educación democrática en la España contemporánea, *Anales de la Cátedra Francisco Suárez,* 38, pp. 23-24, 2004.

ÁLVAREZ LÁZARO, Pedro. Pluralismo masónico en España, texto extraído de *La Masonería en la España del siglo XIX,* coord. por José Antonio Ferrer Benimeli, Actas del II Symposium de Metodología aplicada a la Historia de la Masonería Española, Vol. I, pp. 19-55, Valladolid, 1987.

AVILÉS FARRÉ, Juan. *La izquierda burguesa y la tragedia de la II República,* Comunidad de Madrid, 2006.

BYUNG-CHUL HAN. *La desaparición de los rituales,* Herder editorial, Barcelona, 2020.

FERRER BENIMELI, José Antonio. El Dr. Simarro y la masonería, revista *Investigaciones Psicológicas,* núm. 4, 1987.

FERRER BENIMELI, José Antonio. *Exposición: La masonería española. 1728-1939,* Instituto de cultura Juan Gil-Albert, Caja de Ahorros Provincial de Alicante, Conselleria de Cultura, Educació i Ciència, Generalitat Valenciana, 1989.

FERRER BENIMELI, José Antonio. La Gran Guerra y la Masonería Española, texto extraído de *La masonería hispano-lusa y americana. De los absolutismos a las democracias (1815-2015),* coord. por José Miguel Delgado Idarreta e Iván Pozuelo Andrés, pp. 331-346, Universidad de Oviedo, 2017.

FERRER BENIMELI, José Antonio. *La masonería,* Alianza editorial, Madrid, 2019.

FERRER BENIMELI, José Antonio. *La masonería española en el siglo XVIII,* Siglo XXI, México, 1974.

FERRER BENIMELI, José Antonio. *Masonería española contemporánea. Vol. 1, 1800-1868,* Siglo XXI de España editores, Madrid, 1980.

FERRER BENIMELI, José Antonio. *Masonería española contemporánea. Vol. 2, Desde 1868 hasta nuestros días,* Siglo XXI de España editores, Madrid, 1980.

GIGLIOLI, Daniele. *Crítica de la víctima,* Herder Editorial, Barcelona, 2017.

GARCÍA-MUNICIO DE LUCAS, Ezequiel Ignacio. *Militares y masonería,* tesis doctoral, Universidad Complutense de Madrid, 2018.

GARCÍA-MUNICIO DE LUCAS, Ezequiel Ignacio. *Militares ilustrados, liberales y masones,* Siero, 2018. www.masonica.es

GÓMEZ MOLLEDA, María Dolores. *La masonería en la crisis española del siglo XX,* Taurus, Madrid, 1986.

HURTADO, Amando. *La masonería hoy, Papeles de Masonería IV,* CIEM, Madrid, 2010.

MARTÍN, Luis P. *Los arquitectos de la República. Los masones y la política en España, 1900-1936,* Marcial Pons, Madrid, 2007.

MORALES RUIZ, Juan José. Franco: "la masonería es un enemigo que no se rinde jamás. Lázaro Cárdenas, los refugiados españoles y un espía del SIMP en México", revista *REHMLAC,* vol. 13, núm. 2, julio 2021/diciembre 2021.

MORALES RUIZ, Juan José. *Franco y la masonería,* Siero, 2022. www.masoneria.es

MORALES RUIZ, Juan José. *Palabras asesinas. El discurso antimasónico en la Guerra Civil Española,* Siero, 2017. www.masonica.es

RODRIGUEZ, Pepe. *Masonería al descubierto. Del mito a la realidad (1100-2006)*, Ediciones Temas de Hoy, Barcelona, 2006.

SALMÓN-MONVIOLA, Olivia. *La palabra de paso. Identidades y transmisión cultural en la masonería de Madrid (1900-1936)*, Idea, Las Palmas de Gran Canaria, 2008.

SAMPEDRO RAMO, Vicent. *Inhabilitación absoluta y perpetua. La represión franquista contra los masones de Castelló*, Universitat Jaume I, Castellón, 2020.

SAMPEDRO RAMO, Vicent. *La aplicación de la ley sobre represión de la masonería y del comunismo en el país valenciano. Los masones de Alicante y Castellón (1938-1963)*, Tesis doctoral s.p., Universitat Jaume I, Castellón de la Plana, 2016.

SAMPEDRO RAMO, Vicent. *Los hijos de la viuda*, Ajuntament d'Alacant, 2017.

SEGÚN ALONSO, Manuel. El anticlericalismo de la cerilla y la gasolina: la quema de conventos de mayo de 1931 en Madrid, *Alcores: revista de Historia Contemporánea*, núm. 16, pp. 181-203, 2013.

SEGÚN ALONSO, Manuel. El republicanismo masónico madrileño entre 1923 y 1931: las logias políticas, texto extraído de *La masonería hispano-lusa y americana. De los absolutismos a las democracias (1815¬2015)*, coord. por José Miguel Delgado Idarreta e Yván Pozuelo Andrés, pp. 347-359, Universidad de Oviedo, 2017.

SEGÚN ALONSO, Manuel. La influencia de la masonería madrileña en la política de la Segunda República Española (1931-1939), Revista *REHMLAC,* vol. 6, núm. 2, diciembre 2014-abril 2015.

SEGÚN ALONSO, Manuel. *La masonería madrileña en la primera mitad del siglo XX,* Sanz y Torres, Madrid, 2019.

SEGÚN ALONSO, Manuel. La reconstrucción del espacio masónico madrileño entre 1900 y 1923, texto extraído de *Pensamiento, religión y sociedad del Mundo Hispánico,* Beatriz García prieto y Ana María Mateo Pellitero (editoras), pp. 51-66, Universidad de León, 2018.

SEGÚN ALONSO, Manuel. La repressió de la maçoneria madrilenya en el franquisme, Lectures de L'Institut Obrer *Revista de Pensament i Acción social. L'IO,* núm. 4 pp. 37-48, 2020.

SEGÚN ALONSO, Manuel. Pacifismo masónico y la Gran Guerra, Periódico digital *El Obrero,* 2022.

VIDARTE, Juan-Simeón. *No queríamos al rey. Testimonio de un socialista español,* Grijalbo, Barcelona, 1977.

Participa en el Club GuíaBurros para estar informado de las últimas novedades editoriales y disfrutar de las ventajas, promociones y condiciones especiales de los socios de nuestro club.

Puedes encontrar toda la información en:

www.guiaburros.es
www.editatum.com

Puedes seguirnos también en Youtube y en nuestras redes sociales:

facebook.com/guiaburros

www.youtube.com/c/GuíaBurros

@ guia_burros

@guiaburros

www.editatum.com